21
世纪
———
年　度
非虚构作品选

在场
Witness

2024 非虚构

人民文学出版社编辑部 编

人民文学出版社

图书在版编目（CIP）数据

在场：2024非虚构／人民文学出版社编辑部编．

北京：人民文学出版社，2025．——（21世纪年度非虚构

作品选）．—— ISBN 978－7－02－019628－9

Ⅰ．Ⅰ25

中国国家版本馆 CIP 数据核字第 2025 HM 8808 号

责任编辑　周　贝
装帧设计　李思安
责任校对　杨益民
责任印制　董宏阳

出版发行　人民文学出版社
社　　址　北京市朝内大街166号
邮政编码　100705

印　　刷　河北延风印务有限公司
经　　销　全国新华书店等

字　　数　168千字
开　　本　880毫米×1230毫米　1/32
印　　张　8　插页3
印　　数　1—3000
版　　次　2025年9月北京第1版
印　　次　2025年9月第1次印刷

书　　号　978-7-02-019628-9
定　　价　49.00元

目录

世上为什么要有图书馆（节选）

人生中很难再有一次机会，把一个图书馆一砖一瓦一书地搭起来，这是挂职生活给我的礼物。

——杨素秋

真实意见

开馆半个月后，馆内形成明显的早高峰和晚高峰。早上九点开馆，"考试党"提前就位，围在电梯口，头发没怎么打理，背着书包拎着水杯，只等馆员拿钥匙开门。他们进来找熟悉的桌子，掏出复习资料，考研、考公、考会计、考法律。下午五点，离闭馆还有一个小时，"红领巾"准时出现。全天就这一个小时最操心，我们伸长脖子，时不时张望儿童区，像原本安静的章鱼伸出几只腕足探查水域，看看他们有没有在捣蛋。

这些半大孩子，离开父母和老师，总是有些兴奋。他们来这写作业，做手账，聊班里的情史，突然哄笑。馆员在嘴边比画食指，他们只能安静一小会儿，又哄笑起来。事情的旋涡是一本绘画书，里面有人体。男生把它当作笑料在手中传递，女生见了生气，告状告到前台，请求没收书籍。

前台在他们心里大概是万能的，既能摆平纷争，又能辅导作业。他们遇到语文造句，问赵怡姐姐，算不出数学难题，就自动来找韩洋哥哥。"鸡兔同笼，上有三十五头，下有九十四足，问鸡兔各几何？"数学系毕业的韩洋，趴在柜台上，好脾气地帮他们讲解。他们的八卦心却起来了："韩洋哥哥你有女朋友吗？我听说赵怡姐姐是单身……"

关键时刻前台还得身手敏捷。有位妈妈走路低头看手机，没顾上孩子，孩子走上电扶梯踩空，趴在上面。韩洋立刻往出冲，把孩子提溜起来。

有时候，前台也许是家长眼中的免费看护。一个周末，刚开馆就进来母子二人，男孩十岁左右，母亲很快离开。中午，孩子趴在桌子上小声地哭。他妈妈当时说去停车，马上回来，却一直没有回来。他担心妈妈是不是永远不要他了。他拒绝吃馆员给他买来的汉堡包："不饿不饿，谢谢哥哥。"馆员骗他说是妈妈让买的，他吃了。馆员打电话给他母亲，他母亲依然到下午五点钟才出现，自述睡了一觉"把孩子忘了"。

如果儿童区闹腾的声音太大，读者来投诉，前台还得安抚其他读者。赵怡批评了那个在地板上踢饮料瓶玩的孩子，也给投诉者反复解释："因为面积太小，消防部门不允许我们给儿童区砌墙或者安装玻璃隔挡，我们会努力维持儿童区秩序，请多多担待。要不我在电子阅览区帮您找个安静点的位置，您挪过去，可以吗？"

要是张小梅在，就会好一些。她上班时自带一种魔力，孩子们听她的，不大声说话，儿童区一片祥和。她轮休那几天，好几个孩子专门跑来问:"那个大辫子阿姨什么时候上班?"

张小梅独有一套维稳办法。小学生们在桌子跟前玩,她先不加入,假装在附近整理书籍,听他们在聊什么。然后她坐过去聊,装无知,问问题,向小孩子们请教,夸奖他们——"哇,你们知道这么多,我都不知道。"他们其实并不是在吵,是在讲故事,有一点争执。小梅问:"这个故事是什么呀?"几个人叽里呱啦说起来。小梅说:"你们都说话,我听不清,轮着说,行吗?"他们不同意。小梅做了几个纸团儿,编号抓阄,谁抓到谁先说,声音就小了很多。

一个女孩拿了一圈圈漂亮的彩色纸,卷起来做手账。小梅说:"你太厉害了,做了这么多场景,能让我玩一下吗?"她说:"那不行,这是限量版的,可贵了。妈妈给我二十块钱吃饭,这一卷就六块钱呢。"小女孩翻来翻去,想找一页送给小梅,太精致的舍不得送。小梅往前翻,挑了一张不太好看的:"这一页送给我做便笺好吗?你把你名字和电话写在上面,我也把我的电话写给你,我们就是好朋友了。"小女孩撕下来一排芭比娃娃图案给小梅。小梅贴在自己手机上。小女孩说:"阿姨你真幼稚。"小梅说:"我觉得一点都不幼稚,你送给我的东西,我只要一看见,就能想起来是你送的。下次你来图书馆来找我,咱俩就是好朋友。你要是没有位置,你来找我,我可以把我办公的小椅子借给你,多好。"

就这样,很多孩子和小梅成了朋友,自动听她的话,帮她维持儿童区的秩序。

来这里之前,小梅教过十几年幼儿园。那时候的欢乐像彩色肥皂泡，嘟嘟嘟地冒出来。她偶尔换个刘海也能被眼尖的小朋友发现，他们抱着她的腿，老师老师你今天比昨天还漂亮一百倍。小梅每天被这样的话养着，超甜。但是，这些甜蜜因为出自太小的孩子，总是没那么笃定。小娃娃们毕业了，也就不记得自己了吧。想起这些，她微微有些遗憾。有一次在大街上，一个大学生模样的年轻人走过来叫她："老师？！"小梅激动坏了，这么多年，他还记得自己。

在图书馆前台，她工作的感受完全不同。成年人不会甜甜地奉承，但是有一份情谊就是一份情谊，没那么亮眼，也没那么容易消散，捏在手里好像更接近真实。常常会有老年人向她求助，找不着书号，或者不知道怎么操作借阅仪器。她一步一步帮老人弄好，老人说："谢谢你，姑娘，你姓什么？我下次还可以找你吗？"这一句托付与信任让她为自己的工作自豪。

周末，图书馆里迎来更小的小孩，也可爱，也头疼。大部分孩子安静，和家长偎在一起，听家长轻声地读。太小的孩子不太听得懂指令，馆员告诉他们，看完的书放在指定的筐里。可他们总是拿一堆书，看几页就撂在空地上不管了。有时他们还扔书撕书破坏书，负责给儿童区排架的志愿者苏来，往返于筐子和架子之间，忙得停不下来。立体书一不小心就撕坏了，苏来把破损书归置到一起，小心地把纸质零件拼接起来，尽量修补。

有一天，儿童区角落里有一摊不明黄色液体。小梅去清洁时闻到气味，不太敢确定。又去查监控，确定是小孩尿在那里。摄像头里的孩子奶奶，一发现孩子出状况，就把孩子带走了，没有做任何处理措施，也没有告诉任何人。这些事情让人气恼。

孩子们最喜欢每周末的"小林姐姐（哥哥）讲故事"，在报告厅里讲故事，可以尽情叽叽喳喳，吵不到外面的读者。"小林"并不是固定的某个人，只是从"碑林区"里取了一个字。我们欢迎有绘本讲读经验的人报名做"小林"，带着孩子们玩游戏。

游戏的主题早早在公众号上宣布，前一天，根据预约人数准备材料：打印绘本里的人物形象，剪贴，彩绘；准备陶泥，彩带，胶水；还要将所有小朋友的姓名提前做成便利贴。小小孩似乎很重视自己的名字，他们发言的时候，如果被叫"那个穿蓝衣服的小孩"，太随意了。如果被叫名字，他就觉得自己被许多人认识，特高兴。有的小孩声音怯怯的，害羞，脖子一直往下垂，嘴唇快贴到话筒上。有的小孩声音奇大，蹦跳着回答问题，头一歪，眼睛一眨。我们都认得一个小男孩，他特别喜欢粉色，每次预约完会在后台留言"我要粉色的姓名贴"。一进门，就笑笑地跑过来，把粉色的方块字贴在自己胸前。

端午节，用黏土做"粽子"。夏至，一起做"西瓜"。小朋友们又带来了许多新朋友。黏土干了很丑，但是丑得可爱。

为了解运营情况，我去馆里转悠，遇到读者问几句，问到的只是碎片。年轻的馆员和我说话过于恭敬，我问得长，他们答得短，好像怕说多了不合适。

我的朋友梁了是餐饮营销行业名人，常来借书。她说我们馆的书很新，立体书多，别的图书馆没有这样的。但她觉得我们的宣传做得不够好。我告诉她，馆员做公众号也花了心思，比如，当棉花在国际新闻中浮沉时，馆员就及时推荐了《棉花帝国：一部资本主义全球史》……

梁了打断我说："不不不，人最重要的是现场体验。"她的职业习惯让她在踏入任何一个场所时首先关心的是这里能给顾客（读者）提供什么新鲜独特的信息。比如她的餐厅客户，定期委托她设计海报推介时令菜品，用灯箱宣传各类套餐。她建议，图书馆也可以在入口处经常更换海报，或用电子屏推介书籍，这样的信息扑面而来，效果大概比公众号好："大家手机里订阅的公众号太多，顾不上看。你们的阅读量只有一两百，覆盖面实在有限。"

分析完"现场体验"之后，她进一步分析我们的"用户群体"。据她观察，真正饱读诗书的人其实并不常去图书馆，因为这些人藏书足够多，更喜欢待在家里读。图书馆的"主流客户"是另一些人，家里书不多，有时知道要借什么书，有时只是陪孩子，自己漫无目的。简而言之，他们有阅读愿望，但可能比较迷茫。这样的用户群体很需要指导和建议，这就是图书馆应该深入去做的事。"如果能让更多人读一些鲜为人知的好书，为什么不做呢？我就是这样，不管是什么类型的书，只要好看，请推荐给我。你以前推荐给我的书都对我胃口。可是除了这些，我每次去图书馆都不知道该借什么。"

她还对馆内活动提出异议：某些书画展和本地作家活动，没有真正以读者需求为出发点。"读者不笨，读者都知道这种活动是给谁做的。八流作品拿出来做活动，自己人吹捧自己人，圈外根本没人看。这些活动跟消费者有什么关系？哪个消费者想参与这样的活动？"她问过周围读者，最希望举办的活动是著名作家见面会，"喜欢一本书，真的很想知道里面的创作背景，想听作家聊聊背后的故事。互联网时代不再是面纱时代，是真人时代，人人都可以成为播音员，所有人都想看真人秀。消费者和读者都是一样的，一定要挖用户需求。"

梁了并不担心自己的言辞会惹我不悦，事实上，我需要这样真实的意见，我还要继续寻找更多的观察者，听听不同人的看法。

馆里的两位志愿者与我没有上下级关系，说话应该更随意吧。那个退休的护士长衣着素净，银发不乱，站在前台协助登记信息。在她手边，笔和本子的位置是固定的，推到你面前的速度也是匀速的。就算不知道她曾是护士，看一下她清瘦的下颌线和颀长的手指也能感到：这个人一辈子都是井井有条。馆里的年轻人不敢在她面前喝奶茶，因为她曾严肃地讲解奶茶的成分和卡路里。早晨，馆员在一桶水里稀释消毒液，她帮馆员认真纠正配比。她戴上手套，拿着抹布和喷壶，一行一行桌椅擦过去，动作轻缓。她不是每天来上班，有时候孙子要回来玩耍，有时候儿子要回来吃饭，她得去菜市场采买，回家准备。当然，我们很理解她。

另一位老大爷每天都来，不曾缺席。我必须去正式地谢谢他。

"谢谢您来做志愿者啊！"

"不不不，千万别谢我，我要谢谢你们才对。"

"……？"

"我总算有个正当理由可以从家里跑出来一整天。哎呀妈呀，待家里烦死了，可把我着急的，总算出来了。谢谢你！谢谢你！"

我被他逗乐了，我猜他只是客套。第二次见面，我又去谢谢他，他又坚决阻止我谢谢。这样推来挡去的对话进行了好几次，我俩哈哈大笑，打住打住，再也不谢了。

他一定要让我相信，我们所提供的义工岗位对他来说是最好的去处，这个事必须得是他反过来谢我。他在"贞观"上看到我的文章，才知道这里开馆了，而他正想找个地方做义工。这里离他家不到五公里，通勤时间短。他是回族，饮食有禁忌，图书馆恰好离回民街也不远。

每天在馆里整理完报刊，他走到儿童书筐前，把杂乱的书页抚平，寻找上架的正确位置。这个工作没有压力，可以随意看书，还能戴上耳机听音乐。"我不是什么高尚，你别夸我高尚。"他悄悄跟我说，"我喜欢做义工，只是因为我不差钱！"

他能够天天到岗的原因是他从来不需要做任何家务照顾任何人。他认为，一个人不做家务的态度越强硬，就越应该想办法赚更多钱拿回家，这很合理。他拢住自豪的笑，眼睛眯起来，说他这辈子做到了。

每天早晨九点他准时来上班，十一点，他进入图书馆后门的员工通道，走上一个狭长的楼梯，来到地面。那儿是另一个院子，传达室里放着当天到馆的报刊。报刊数量并不固定，有日报，有周报，有月刊，拿到手里时厚时薄，他来为我们分类上架。他没有顾长的手指，使用夹子的动作也没那么利索。这辈子他没干过什么活："我手笨，到了你们图书馆才开始学着干活呢。"

我们订的报刊有百余种，分几层陈列。第一排是《新民晚报》《第一财经》《国防时报》《环球时报》《参考消息》《健康时报》《安全时报》《南方周末》《军事发烧友》。这些既不是按照字母顺序排列，也不是按照重要程度排列。我摸不出规律，就问他。他说这是他观察的结果，馆里读者总是看这几类报纸，他就专门放在第一排，方便大家翻阅。

他叫苏来，祖上是捐客。他的父亲看不惯捐客投机倒把，决心扭转门风。父亲专心读书做了教师，也希望儿女后代能够把金钱看淡。苏来小时候，父亲带他去陕西省图书馆借书，入口处是像中药房那种小格挡，一排一排的，存着书目卡片。小抽屉并不能完全抽出来，拉开以后慢慢找，捏着小纸去窗口排队，递给图书管理员。苏来想找十本八本，伸着脖子等管理员出来，对方手里也就拿着一本两本。他说："失望还是失望的。我从来没有机会走进书库里去，图书管理员似乎是在一个大家都够不着的地方工作，我挺羡慕。那时候我绝没有想到，自己将来也会做这件事。"

成年之后，苏来没有走父亲期望的道路，他惹了些是非，让父亲大病不起。随后又经商，正是父亲看不惯的职业。他不愿意做教师，觉得没劲。做生意中，见的人太多了，第一眼就要把对方水深水浅弄清楚，三下五除二分出胜负，然后各走各的，江湖陌路。他习惯性地通过第一印象判断对方的背景和性格，很有把握地对我说："你祖辈应该是读书人，我不会看错。"

人生的事情总是绕弯。他当年读师专，如果当了老师，退休有学生来往，也就不会到碑林图书馆来做志愿者。现在他有十几处商铺，每年租金相当可观，躺在家里收租，觉得没有什么意义，内心的空虚无法解决，就又走到了书籍里。他一心想把这份工作做好，跟自己说过，一定要好好干，别在这混日子。

我问他："做义工是不是为了积德行善？"他说不是，他只是越活心越胆怯，反复地想人生的意义、金钱的意义。自己需要的物质越来越少，需要的朋友也越来越少，但是只要选定喜欢的，就一定要做。义工这件事就是认准的事。他反复跟我说："这不是什么为人民服务，为社区服务。我不想拔那么高，我只是在这份工作中能求得心安。"他已经六十多岁，可是聊起父亲时，那缓慢的回忆和愧疚感，依然是属于孩子的。他现在做的这件事，他那爱读书的父亲也许会感到欣慰吧。

初夏午后容易犯困，他习惯趴在桌子上打个小盹。我想帮他在办公区弄一张午休的折叠床，他坚决不要，那违背了他来这里的目的："没人强迫我过来，我自愿的，我觉得这份工作比在家待着有意义多了。我不给你们添一丝一毫的麻烦。"

吃饭时我准备付账，他几乎要生气，他说他肯定比我有钱，所以必须他请客。在他自信的语气中，我能还原他年轻时的形象：慷慨大方呼朋引伴。他现在步伐还是敏捷，只是头发稍微有些稀疏，应酬的饭局他根本不再去。他在做减法，在他这个年龄，没有必要和任何人敷衍。他是敏感的，一旦察觉对方吃饭时目的不单纯，就不愿再继续聊下去。

他很擅长察言观色。他问我："你为什么从来不穿平底鞋？是不是你为自己的身高自卑？"

他指出，儿童区的家长有两类典型：一类，对孩子表现出一种没有耐心的强制。另一类，又对孩子非常娇惯。他从他们的表情判断，这些家长应该是来西安的第一代打拼者竞争者。"我的阅历搁在这，一看就看出来了。他们都非常辛苦，希望孩子成龙成凤，但是又把握不好教育的尺度。母子，父子，相处的模式很奇怪。"

他分析图书馆工作有很多优点，工作不累，定点上班，能兼顾家庭。同时，责任和风险小，犯错就顶多把一本书查错了。因此，图书馆虽然待遇一般，但领导还是会把七大姑八大姨安排到这里来上班。由此他判断，我这样一个书生，在文旅系统里很难混得下去。"中心问题其实不是你能力问题，不是你专业不专业的问题，而是你怎么处理关系。"他思考过图书馆的位置，和文旅局的关系是微妙的。虽然经费由国家财政全部划拨，但图书馆在一些人的思维当中是一件最不紧迫的事情。别人也许会质疑一个挂职干部，干吗要买那么好的书？"你作为挂职者，好处是胆大，不怕得罪人，因为你马上就走。坏处是，文人可能没有政治智慧。"

以往我并不知道，馆里有这样一个退休大爷在看着我走来走去，他在没有和我交谈过的时候，就已经掌握了我岗位的大部分奥义。

他指出我们图书馆的硬伤是环境。他去过欧洲的一些图书馆，巨树掩映，走到近处才见到窗子。里面是木梯木地板，走路的声响优美，抬头往外看，花园草地，树荫宜人。他认为那是图书馆应有的气质。而我们这个图书馆没有独立建筑，只是从整栋大楼里借一个小小门头，那个门头被一排商品门面房包围，影响美观。夏天有很多人来馆里只是逛街逛累了，进来乘凉，打瞌睡，并不读书。馆里看不到树，楼上还有饭馆，这让他觉得，此地的整体外围环境不够书卷气，太多市井气。而且地下室通风不好，面积也不大。"图书馆在这不是长久之计啊。"

我得感谢他的观察。四处散落的书籍，他要整理上架，哪些图书翻阅的人多，他很清楚。他对我说，少儿书籍尤其是漫画专区特别受人欢迎，但外文童书区的人不多。成人区，对近现代的小说感兴趣的人多，金庸、鲁迅，被阅读频率都很高，但哲学类书籍少有人问津。生活家居，医疗保健，中老年人喜欢看。心理学，伦理学，法律的书籍，也有不少人读。但自然科学和经济类书，几乎无人问津。

我可以通过电脑查到图书外借数据，但我查不到馆内阅读数据。苏来的眼力，对我是很有意义的反馈。

我们聊得久，续了汤，吃了许多羊肉。走出饭馆时，他跟我说："第一，下次吃饭还是我付账。第二，你以后多穿平底鞋，矮个子挺好看的，你要自信一点。"

为什么要有图书馆？

"'免费借阅'，重点是这四个字，放大这四个字的字号。"我去社区走访了一圈，回来对宁馆这么说。

这几天我深感自己和基层群众脱节。我原本以为，在这个人口超过千万的大城市，市中心居民想必和我一样，早就知道图书馆是免费开放的。实地调查结果却出乎意料，许多老百姓不清楚图书馆是做什么的。我去了五家社区服务中心，遇到的人都没听说附近新开了图书馆。

我说："欢迎你们来借阅。"

他们问："馆里的书卖不卖？ 是原价卖还是打折卖？"

返回馆里，我见一个人在门口徘徊，盯着我们的门头仔细看。我问他怎么不进来，他担心这里按小时收费。

我说："公共图书馆都是免费开放。"

他有些疑惑："为什么会免费？"

群众不了解，说明我们没有宣传到位。这是我工作失误，总以自己的经验来想象他者。碑林区有八个街办九十八个社区，我请宁馆印制一百多张海报，话语不要冗长要简练，点明地理位置、开馆时间、藏书种类、联系电话即可，其中"免费借阅"四字一定要大，用这四个字破除民众心理顾虑。我们将海报分发给各个社区，张贴在醒目位置。过了段时间，馆内客流量以肉眼可见的速度在入口处屏幕上攀升。

与读者交谈，我了解到他们各自的喜好。二十多岁的梁小锤喜欢文学和艺术，她说这座图书馆的选书风格有点像诚品书店，好看的小说扎堆，电影史美术史的书籍质量也高。三十多岁的媒体人阿九和四十多岁的设计师柏航互不相识，但借走了同一套图书：《知日》。《知日》是一个系列，每一册集中讲述日本文化中的一个主题，比如猫、犬、茶道、花道、推理、手账、料理、森女、断舍离……书的定价比较贵，他们舍不得买。这套书出现在馆里让他们感到意外，图书馆选书也这么新潮。

五十岁的谢永霞偏爱针灸类书籍。六十岁的王建民专门寻找"非典型"之作，如愿带走汪曾祺1940年代的现代派作品和民国时期林纾翻译的文言文小说。七十多岁的邓兴玉借的书全是同一类：碑帖。她对我说："书法能有这么多种，而且都可好，各种样式把我简直……在这儿站着看，我都不知道弄啥。"她拎着一只帆布购物袋，挑了一大包，去办借书证的时候得知最多只能借四本。她选了又选，拿了两本小篆和两本楷书。

我的学生石腾腾问我："你知不知道碑林区图书馆最出名的书是什么？"我不知道。她笑："是《灌篮高手》。"顺手转发给我某点评网站链接，"出处在这里。"我这才关注到网络上的声音，少儿书得到好评最多："快来啊，这里有好多立体书。""相不相信，这是一座有全套《灌篮高手》的图书馆！"

批评也不是没有。有人说书太新了，他想找20世纪出版的老书，找不到。有人说我们这里的书过于专业，名家名作高高在上，让人不敢靠近，他希望多一些通俗的励志类成功学和鸡汤类读物。反过来，也有读者说我们的书不够专业，他们需要医学类中的儿科妇科专业书，法律类中的刑法民法小册子。

宁馆最近来局里报账签字，同事们听说了风声，叫她"富婆"，她连连摆手："哎呀呀再别胡说，都只看见钱多，没看见花钱地方多，我冤枉死了。"

我馆2021年获拨资金在全局排名第一，五百万元，几倍于其他部门，此消息不仅让楼道里的同事啧啧不已，也传遍大院。这个局那个局都有人不服气，给上级提意见："图书馆又不给政府创收，还花政府那么多钱？"

宁馆遇到人就得解释，五百万并没有余裕，都是实打实的预算，样样必支：一百多万买书，一百多万房租物业，一百多万外包运营……可是她的解释防不住眼红，拦不住质疑："图书馆有什么用？值得这样投入吗？"

这样的质疑不仅来自百米内的同侪，也来自更高层。省文旅厅刚刚上任的新领导之前不熟悉图书馆工作，他指出一个实际问题："周一到周五，有些图书馆人比较少，说明这项公共文化服务设施的作用可能没那么大，功能没那么重要。那么政府为什么要投入那么多的资金和人力在这上面？"他希望负责公共文化服务的处长能给出令人信服的回答。处长来到我馆，问我会怎么回答这个问题。

"为什么要有图书馆？"

关于这个问题，教科书中答案类似，有三大传统功能：一是保留人类优秀文明成果，二是宣传教育，三是满足和提升群众阅读需求，最大程度实现公益性和平等性……但这样抽象的答案也许难以改变省厅领导的想法，我希望我可以用实例做出证明。

宁馆打来电话，说有位读者捐赠了几大箱书籍，请我去甄别其中有哪些值得上架。读者是一位老人，主动提出捐赠。前几天，小吕和几个同事开车去他家，对方拉着小吕的手，颤抖着说："碑林区一直都没有图书馆，你们真是给碑林区做了大好事啊！"老人因为书而这样激动，这让年轻的小吕有些动容。小吕以前不知道图书馆在一些老百姓心中有这么重的分量，也不知道自己的普通岗位竟然让群众这么信任。老人愿意把他所有的书都捐给我们，一本都不留。他说儿孙都不爱读书，这些书流通到公共区域才是最好的去处。

七八个大纸箱子堆在编目办公室，小吕他们搬回来不容易。书比较破旧，大多是年代久远的通俗读物 ——《福尔摩斯探案集》我馆有更新更好版本，《计算机知识一百问》内容已过时，《怎样考清华》《怎样考北大》的书名颇具喜感，另有一本手工制作的剪贴册倒是留住我慢慢看了一会儿。看样子是从报纸上剪下来的，长篇小说《第二次握手》。做手工的这个人将题目裁剪成条形，底色有汽车的剪影，又将含有作者"张扬"的那一行剪成三角形，特别贴在右侧。其余插图也单独依照轮廓剪下来，错开粘贴的位置。这么多年，边缘的胶水没有脱落，依旧服服帖帖地附着在纸册子上。我读过这部小说，20世纪70年代，它曾作为地下手抄本在知青群体中秘密流传，后被列为禁书，作者入狱。1979年，这部长篇小说迎来平反，敞亮地登上《中国青年报》，每天四分之一个版面，日日连载，炙手可热。我能想象，印刷报纸的那一年，这位捐赠者正值壮年，大约刚刚从农村回到城市，激动地看到这部陪伴他知青岁月的秘密小说重获新生："一辆蔚蓝色的海鸥牌小卧车，穿过繁华的前外大街，驶入了一条僻静的胡同……"他急切盼望着每天的连载，又细细把这些文字保存好，反复回味。可惜这样的剪贴册不能在公共图书馆上架，老人这么多纸箱子里，最终能留在馆内的书不到十分之一。

选书确实是个难题，一个人的珍宝，对另一个人来说也许是草芥。什么样的人才能胜任选书的职位？约翰·科顿·丹纳在《图书馆入门》中为公共图书馆建构了一个理想的"选书人"形象，这个人首先得是个书虫，有丰厚学养，能带领孩子们阅读好书。但他又绝不应该是个书呆子，不宜过度沉湎于书籍，要多出来走走，以免与底层老百姓脱节，无法了解低学历人群的需求。2021年度买书资金到位，宁馆再次把编书目之事委托给我，我未必能够胜任。

我并不能完全复制前一年的经验。这好比画油画，平铺第一层底，要用温和敦厚的颜色，第二层、第三层色彩则可以渐渐跃动。我馆已有前期基础，第二年采书得稍微换个思路，以近年出版的新书为主，且要突出特色。去年第一次购书，我凭主观推测去满足各年龄段读者诉求，而建馆后与读者的交谈打破了我的刻板印象。人们兴趣差异之大让我感到自身的匮乏，编书目这件事绝不是我一个人可以完成的。

我去找小吕商量，他答应得干脆，他正想学习如何挑书，如何甄别书的好坏。这对每个编目人员来说都十分重要，但是他参加过的图书馆上岗培训课里没有这一课，也不知道其他图书馆有没有。

鉴于图书市场的起伏变化，选书方法很难提炼为统一标准和规范理论。而且这项技能无法速成，必须以足够的阅读量作为入门基础，在实际操作中积累经验、形成眼力。面对庞杂书目，嗅觉的灵敏绝非天生，它倚赖于个人长年阅读积淀、审美品位和对图书市场的持续关注。小吕说他想跟我学，其实我也并不具备教他的资格，只能带他一起摸索。

小吕调出电脑数据，开馆至今，借阅比例之失调超出我此前预计。排在借阅次数前三百名的书籍，至少有二百五十种都是儿童书，尤其是漫画类。排在前列的其余几十种成人书籍也以小说为主。他又拿来前台手写登记的《读者意见册》，和我梳理现存问题：

1.医学、法律和自然科学书籍太少

2.武侠类和漫画类呼声甚高，需要补充

3.套装类图书缺漏不齐。比如《冰与火之歌》缺第1册，被书商告知断货。读者反映多次，意见很大

4.生活类书籍还需增加，这是老年读者刚需，如碑帖、摄影、食谱、养花、养生、乐器入门

5.少儿书借阅量超过全馆藏书一半。绘本最受欢迎，教育部推荐的阅读书目常常会被借空，建议增加一些复本

……

好了，现在我们量体裁衣，按需订货，通过书商联系知名出版社索要近年书单，叮嘱他们，要含有医学、法律和自然科学书籍。很快，我收到数百页文档。

面对陌生领域，我对照网上书评筛选出经典书目和入门书目，舍弃过于窄小的论题，如：

《某市中级人民法院庭审公开第三方评估》

《某市法治建设2018年发展报告》

《电喷雾质谱分析法的原理及其在中药分析中的应用》

《细胞病理自动阅片关键技术》

《痘病毒学及痘苗病毒实验操作指南》

《大规模锂离子电池管理系统》

《Matlab在水资源优化与水库调度中的应用》

《中国药用植物叶绿体基因组图谱》

《粮食制品均衡营养产业化与FOP标签系统建设》

每本书名都得仔细看，如果一时疏忽采购了不符合规定的书籍，既不能上架也不能退货，白白浪费资金。比如下面这些"年历、地图、描红字帖"，按照公共图书馆采书条例，都不允许购买：

《2018年年历》

《××县地图》

《与唐伯虎一起写字（小学生描红字帖）》

还有些家伙照例藏在里面，题目颇为阔气，可以吓唬高校之外的人：

《大数据时代下大学生道德教育探索》
《新时代下高校舞蹈教育模式探索与实践》

几天之后我筛选出数千册，但这远远不够。当我提出武侠、漫画、碑帖、摄影的需求时，没有出版社可以为我量身定做书单，我只能在私人交情里想办法。

编书目费时间，前一年我只敢麻烦有限的几位师友。今年为了一份更好的书单，我想再多麻烦几个人，至少五十位吧。我在手机通讯录里寻找，挑几位精通专业的，再挑几位普通的爱书市民，还要兼顾高龄读者和年轻人。为了不占用朋友们太多时间，我只需要他们给我三项：书名、作者、出版社，其余数据例如 ISBN 号、定价、出版年份，太琐碎了，将来由我和小吕来做。

收到我邀请之后，朋友们全都欣然答应，少数几人迟疑："你确信我的水平可以吗？我太荣幸了。"

我的邮箱会落满回信，我只需静静地等，五十位朋友的智慧即将汇聚在我们的书架上，开花散叶。

5月中旬，我们开始筹备图书馆的第一场文化讲座。因为缺乏经验，我们手忙脚乱。馆里没有好看杯子招待客人，我去古道茶城借茶具。宁馆的主持词严肃正统，我得换成生活化语句。馆员做的海报，白底爬满黑字，过于肃穆。我托设计师朋友更换色彩，把讲座标题放大，竖版分行排列——"世界上／为什么／要有图书馆？"再把人物衬在墨蓝底色上，拟了一条宣传语放在顶部："盛夏的邀约——名家进碑图系列沙龙"。

做访谈沙龙，是我长久以来的愿望。我的博导王尧曾经在苏州大学办过几年"小说家讲坛"。我在那读书时，莫言、余华、韩少功、贾平凹、毕飞宇……许多作家的身影都曾出现在阶梯教室里。莫言来的时候是个晚上，教室里人挤人，他高大的身板刚刚在门里闪现，学生站起来尖叫欢呼。毕飞宇在讲座结束后和我们在校园里走，晚霞里他的脸是逆光。我激动地跟他说："您的《玉米》里的一些段落，我读起来好像牙齿间总有玉米汁液的味道。"

那时我们总有机会和崇拜的作家相聚，他们来一次，我们的心脏就剧烈跳动一阵儿。王尧先生当时四十多岁，每场都是他来主持，从不拿稿件，随时拿场上的新鲜事儿打趣，逗得台上台下笑。听着他们对谈，我们不知不觉往文学的树洞里钻得更深了一些。

我也想在图书馆做类似的事，我挂职的时间还剩下三个多月，下个月省里应该会下发一部分资金，叫作"免费开放经费"，专门用于承办各类活动。有了钱，事儿就好办了。我大概可以通过"贞观"联系诗人陈年喜，说不定还能通过朋友联系诗人余秀华。就算这些都成功不了，还有王尧先生会帮我询问他的作家朋友，陕西师大的几位先生也一定会支持我。我打算列计划重读一些诗人和小说家的作品，在他们到来之前做好对话准备，主持时避免空洞言辞……这些沸腾的幻想在我脑袋里啵啵啵冒着气泡。

宁馆慌忙来找我，要取掉"系列"二字。她怕被这两字套牢了，万一今后没有其他名家到来，这两个字就成了虚假宣传，被上级抓住把柄批评怎么办。我让她别担心，我会想办法联系名人。我建议留着"系列"两字，年底汇总资料作为亮点上报。万一承办不了后续讲座，也没关系。"系列"二字不是正式文件，只是出现在一张海报里，上级不可能逮着不放，这又不是什么大是大非。宁馆勉强答应，但脸上还是担忧的神情。

第二天，另一件事又诱发我和宁馆意见分歧。因为座位有限，馆内限制一百人报名预约讲座，很快就约满，后台不断收到留言"能否加座？""能否站着听讲座？"

看到这样的留言，我很高兴，我拾柴生火，就怕火焰不旺，现在火焰熊熊燃烧，正合我意。我们还有五十个蒲团呢，搬过来坐在地上听讲座，围着多热闹。宁馆却非常紧张，她首先担心坐在地上不整齐，拍出宣传照会挨批评，接着担心坐椅子的人踢到蒲团上的人，发生口角场面大乱，搞不好要闹到派出所。

我给宁馆分析："这不是公务会议，不必那么整齐，照片里有坐有站热热闹闹反而好看。另外，积极报名的人一般不会因为蒲团小事而争执，毕竟大家最关心的都是讲座本身。"

她仍旧不同意，她说出更深的忧虑："你喜欢人多，我害怕人多。万一上级以疫情防控的理由处分我，我是法人，我需要担全责。"

当时的西安已经很久没有新冠病例，公共场所不能超过二百人聚集的政策在一个月前解除。据我所知，陕西大剧院讲座预约二百人，实际到场三百人，平安无事。我郑重向宁馆表明：如果因为人数过多受到上级批评，我愿意替她担责。

讲座的前一天是周末，我休假在家，给宁馆打电话。我像以往一样说笑，让她别那么紧张。她还是很坚决："不加座，严格按照预约人数进场。"

我能理解她在这个职位上一直害怕风浪，但我又担心被拒绝在门外的读者会失望难堪。挂了电话，我思来想去，不愿强行命令她，我发了一条短信："把蒲团摆上吧，相信我，不会有事的。"

她回复两个字："不弄。"

这是我们成为上下级以来，她第一次强硬地回绝我。也许是我平常太随意，下属都不怕我。恩威并施里的"威"我始终学不会。我以私人感情跟她沟通，无法奏效，难道我要以文旅局的名义给图书馆发一张公函让图书馆"必须摆上蒲团"？这未免太滑稽了。可是，这么小的事我就是解决不了。

星期天，我们提前来到馆里。小吕调试话筒、音响和投影仪，张小梅在前台检查健康码，韩洋在报告厅门口查验预约码。读者陆续进场，大概三五十人，暂时没什么意外状况。省厅的处长曾说自己也对这场讲座的话题很感兴趣，"世界上为什么要有图书馆"，她想来听听大家怎么讨论。她说她会提前坐在观众中，不需要主持人介绍她的身份。但这一天，她没有来。

宁馆始终不笑。直到讲座开始前的十分钟，我拉着她站在南大街上等候来宾时，她的眉头依然是皱的。

我晃她："高兴点啊，别让人家看见你这样。"

她说："我没法高兴，我怕今天出事儿，我把咱们这个片区派出所电话都提前存好了。"

嘉宾来了，我们一起走到地下室，报告厅外排着长队，报告厅内椅子坐满。读者在外面吵吵嚷嚷，嘉宾招手请读者进来，馆员拦着不允许读者进来，嘉宾的表情有些纳闷。

我坐在与他对谈的椅子上，佯装平静，心里着急。我附耳对小吕说："听我的，快去把蒲团取进来。"小吕快步出去，一直没有回来。应该是有人从中作梗，必须我出面了。

活动即将开始，我作为主持人却起身离开座位，读者困惑地看着我，也许他们从没见过秩序这么混乱的讲座现场。

手持蒲团的小吕果然被馆员拦在场外，我拉着他一起跑到儿童区多抱了几个蒲团，又请读者跟着我一起往报告厅里走。馆员一看是我领头，没敢阻拦。场外排队的人拥进来，后排过道瞬间站满，前排的人欢欢喜喜拎了蒲团插空坐下，脚丫子快挨着了讲台。一位母亲搂着小孩挤坐在最前面的蒲团上，很开心，像是要和嘉宾围坐在一个大炕上聊天。

我们谈论了图书馆的三大传统功能，我又补充说，有人质疑，周一到周五读者人数较少，图书馆是否真的那么重要？嘉宾说，宁可"备而无用"，不可"用而无备"。眼看嘉宾的航班时间迫近，台下还有很多举着的手。互动时间一再延长，直到所有提问的人都得到回应。

　　宁馆始终没有坐，她站在最后一排，张望着我们。今日总算顺利，没有闹事，没有纷争，更不需要给派出所打电话。我看见她笑了几次，应该是放松了下来。

我的二本学生2：去家访（节选）

通过家访，我直接感知到了学校以外的更多维度，"具体而稠密的日常生活"，到底从怎样的层面，塑造了一个个"立体而丰富的人"。

—— 黄灯

一、去腾冲

踏上家访路

2010年9月，从未出过远门的黎章韬，准备去广州上大学。他的分数，按照当年的录取线，可以上云南师大，但他对教师职业不感兴趣，一心想到沿海地区看一看，这样就报考了位处广州的广东F学院。他原本填报了热门的会计专业，由于竞争激烈，最后被调剂到了中文专业。

父亲忙，考虑到路途遥远、开支也不小，他没有选择陪伴，而是削了一根花梨木，郑重地交到独子手中。章韬对远方的想象，兴奋中夹杂着茫然和担忧。第一次出远门，他偷偷上网查询了一些防身的套路，"背了一双球鞋，携带了一根棍子，拿着通知书就走了"。父子之间没有明言，随身携带的花梨木，其实也是漫长旅途的防身工具。

从腾冲到昆明，章韬坐了九个小时的汽车，当天，他又从昆明登上了开往广州的绿皮火车。事实上，这次远行让他拥有了第一次坐火车的机会，"以前没出去过，没出过保山城，昆明都没到过"。他根据隐约的直觉，仅仅携带了少量现金，几年后，他坦言："说出来你们不要笑，我是很土的那种，第一次出门，现金都是分开藏，口袋里只放了几十块钱。"他将更多的现金塞在鞋垫下，唯恐陌生人从口袋里顺走。

为了尽早适应大学生活，章韬比别人提早一个星期到达广东F学院。这样，他的大学就比别人多了七天。

军训结束，我成为他的老师，给他们班讲《中国现代文学史》。第一次课堂发言，我记住了章韬黝黑、坚毅、毫不含糊的模样。

2014年6月，章韬大学毕业，他从广州天河区的校园，回到了云南腾冲固东镇的村庄。章韬年少时代对外面世界的期待，在大学四年长长的风筝线中，并未在广州的繁华、喧嚣中得以强化。在我任教的十几年中，相比于多数学生对大城市的向往，像章韬这样坚定选择回乡的孩子并不多见，何况，他来自相对偏远的云南，更何况，在他毕业的2014年，大学生就业的难度远远比不上今天。"到沿海地区看一看"，对他而言，不过是负载在外出读书行动上的一句承诺。章韬义无反顾地返乡，让我一直深怀好奇，这也构成了我们师生之间保持密切联系的内在原因。

2017年暑假，我和章韬约好，决定启程去他的故乡腾冲看看。

对这个家庭的寻访，构成了本书的开端。

从广州去腾冲的方式有两种，一种是直接坐飞机，航班隔天就有；还有一种是先坐飞机或火车到昆明，再从昆明转飞机或者大巴去往腾冲。我决定按照章韬回家的线路，从广州坐火车到昆明，然后再从昆明坐大巴，前往保山地区的腾冲市固东镇。

　　这是我第一次踏上祖国的西南大地，也是此后多年断断续续在全国各地对学生进行家访的首程。

　　2017年7月25日，我从广州南站登上去昆明南站的高铁。章韬大学期间只能乘坐绿皮火车，2014年12月南昆高铁的开通，给广东和西南地区的往来提供了极大的便捷。七八个小时的旅途，相比以前慢车的悠长，让我真切意识到，"云南"这个从我年少时代便在脑海打下烙印的地方，并非远在天边。

　　时值夏季，列车驶出广州的边界后，在广东境内途经云浮东站，很快便进入广西地界。沿途铺开的视野，和京广线北段的广袤、单调形成了鲜明对比。两广境内山区多，田野散落在山与山之间的空隙中，村庄隐匿于山脚下。一路所见的农作物主要是稻谷，这种南方常见的粮食作物，在田野中已经成熟。我留意散落田间的稻秆，明显高于故乡常见的高度，显然，这是单季稻种植的后果。虽然两广地区的气候非常适合双季稻种植，沿途的农民明显已不再进行两季的耕作，田地间看不到双抢时节的繁忙迹象。

　　与稻田的敷衍形成鲜明对比的是，列车进入广西境内后，在非喀斯特地貌区，高铁线沿途到处都是密密麻麻的桉树，远远看去，整饬而优雅，在起伏的山坡上绵延不绝，没有尽头，规模极为庞大。尽管成规模种植桉树一直因破坏环境而被人诟病，但对经济落后的山区而言，依旧是增加收入的可靠途径。也许，在水土条件优越的广西地区，种植桉树对环境的透支，较之经济的实际需求，还不值得计较太多。

火车在田野、山间、一个接一个的隧道中疾行，根本来不及让人产生视觉疲劳。我突然意识到，若不是高铁的开通，这些路旁的村庄，这些隐匿在深山老林中的村庄，我将永远没有机会遇见。

傍晚时分，列车抵达昆明。这座西南名城比我想象中要散淡和安静，弥漫着一种特有的笃定。昆明的日落时间比广州晚了两个小时，临近八点，天空依然朗晴，这让我感觉自己赚到了白天的光阴。在昆明逗留一晚后，第二天一早，我赶往客运站，登上了开往腾冲的长途巴士。大巴很快进入群山的怀抱不停穿行，触目所及是难以穷尽的大山，巍峨、壮观、亘古不变，不时可以看到野性的河流，夹杂轰鸣的声音，就在身边奔腾。多年前地理课本上的知识，在眼前的风景切换中，获得了真切感知。

同车的旅客中，可能只有我是外省人，其他人带着归家的从容，一脸平静。坐在我旁边的一位大姐，比之其他旅客的缄默，话明显要多一些，面对沿途的美景，怎么也掩饰不住对故乡的热爱。临近腾冲时，她急切地指引，"前面就是龙江大桥，开通的时候，好多人来看。"确实，龙江大桥横跨龙川江河谷，以一种突兀而协调的壮观，呈现在人们眼前。龙江大桥对腾冲人而言，既是地理意义上的归家标志，也是精神意义上的情感牵引。当然，对章韬而言，这更是一条牵引他回到故乡，同时也将他带往外面世界的通道 —— 他的产品，通过龙江大桥，流向了祖国大地的四面八方。

遇到大桥的那一刻，我突然明白，章韬对故乡土地的牵绊，越出了我以往对年轻人成长路径的理解。

在腾冲休息一晚后，我来到了章韬家 —— 从在广州南站上高铁算起，历时四十八小时。我终于看到他经常在微信中晒出的宗艺木坊，看到院子里高高的向日葵花，正盛开在高黎贡山勾勒的高远蓝天下。

高黎贡山旁的村庄

宗艺木坊是章韬大学毕业后回乡工作的地方，在固东镇上，距离他出生的和平村约八公里，两地之间道路畅通。很长一段时间，他每天上完班，骑着一辆摩托车回到村里。比之实习期间在广州挤地铁、倒公交，这种便捷让他极为舒心。

和平村是典型的云南山区村庄，从地质状况看，这边属于火山地貌，随处可见火山石搭建的老房。巍峨的高黎贡山静静地环绕村庄，到处是绿色的植被，散发着和海南村庄相似的气息，但相比于海南的炎热，腾冲的凉爽给人一种特别的安定感。章韬坦言，因高黎贡山的阻隔，外面世界发生的变化，很长时间都没有波及村庄，和他同龄的孩子，没有一个因父母外出打工成为留守儿童，而我熟悉的湖南、湖北村庄，1990年代出生的孩子大都成为留守一族。拉开时空看，高黎贡山的矗立，固然阻隔了村庄和外界的沟通，对孩子们而言，却成为守护他们童年的天然屏障。

和平村看起来整洁有序、清爽雅静，一种让人放松并渴望停留的情绪，不自觉在我内心蔓延。在路边，随处可见悠闲游荡的水牛群，老人则聚集村口的树下玩乐、闲聊，稍稍远一点，可以看到村庄周围密布墓群，坟墓修建得朴素而讲究，没有半点阴森气息，在这里，逝者和亲人的生存空间交错一起，界限并不分明。

有意思的是，村子里分布了好几家饮食小店，不少老人在路边支起铁制的简易烧烤摊，将新鲜五花肉、西红柿和辣椒烧好，现场制作酸辣味的火烧米线。因太阳下山晚，他们的作息时间，也不同于我生活过的湖南和广东。一日三餐，从十点到十一点之间的早餐开始，午餐算不上正餐，叫"晌午"，以米线或者饵丝为主，晚上六七点的晚餐才算正餐。吃完晚饭，并不意味着一天劳作的结束，村民还得干会儿活，差不多八点天黑后才结束一天的劳作，十点左右睡觉。但章韬经常要忙到十二点以后，他白天劳动，加工产品，晚上要利用网络和外界沟通，通过微信售卖产品。

近几年，男女比例的失衡，使得村里外地媳妇的比例明显增多，在聚集的人群中，偶尔还会闪过缅甸女孩的面孔。火山灰独特的成分，极其适宜淮山的生长，种植淮山，成为村民的主要经济来源。村庄自然环境好，最大的一口水井下，肉眼可见的泉眼不断冒出清冽甘甜的水源。比之挑水的辛劳，水管的铺设让村民享受了自来水的便捷，可章韬提及最多的，是故乡真正的甘泉，"这是最好的水质，是真的甜，没有任何自来水的漂白气味"。

章韬的外婆家也在和平村，村头村尾往来方便。外婆家有他童年最温馨的记忆。从两岁开始，他就和外婆生活在一起。当时，妈妈忙不过来，爸爸年轻气盛，与流氓打架，被判了两年劳改。外婆无论去哪里劳动，都将他带在身边，"我小时候就是在她怀里长大的"，章韬说起来，好像一切发生在昨天。

　　不到几分钟，章韬便带我来到了外婆家。在舅舅精致木楼旁边的院子里，我见到了这位老人，干净的脸庞，慈祥、精干，在院子的花丛中，外婆素雅而精神的笑容自然绽放。"章韬是我最喜欢的孙子，是我领大的，他总是来看我，懂事，心好。"老人开销小，目前依旧独立生活，不要子女供养，"外婆吃素、种菜、种豆子、喜欢种辣椒，豆子一年都要卖不少钱，吃不完的蔬菜，她会精心做成干腌菜，拿到集市上售卖"。

　　章韬性格中的人情味，被外婆表述为"懂事、心好"，显然，这种性格的养成，得益于章韬从小在外婆身边长大。

　　章韬的妈妈兄弟姊妹四人，她排行老大；二姨嫁给了一个屠夫，"屠夫在我们这里很吃香，二姨日子过得还不错"；三姨性格外向，喜欢闯荡，打工期间认识了丈夫，嫁到了两百公里外的少数民族山区，"地方虽然穷一点，但她很开心，在那里，村民有什么事会跳舞，吃完饭没事干也跳舞"；舅舅就在村里，外婆住的木楼，是舅舅精心所建。

　　童年经历中，章韬对长辈的劳动场景刻骨铭心，收麦时节，他会戴着草帽跟在大人身旁。和亲人的情感交流，也在这种共同的劳动中自然达成。像任何一个乡村长大的孩子一样，他对田野的一切了如指掌。辣椒何时开花、何时长大、何时变成鲜艳的红色，会像季节的更替一样，悄然印入章韬的脑海。

那时伐木是父亲农业劳作以外的主要生计，每到正月初六初七，父亲就要趁冬天不下雨的间隙，去缅北伐木，"我会送他去路边，很不舍，那种感情我是体验过的"。妈妈为了养家，很长一段时间在村里卖米线，章韬会跟在身边打下手，帮妈妈做点事情。

章韬的童年，说不上贫穷，但也算不上毫无匮乏。整体而言，尽管父母和其他亲人对他施加的教育，依旧沿袭了传统的惯性，但独生子和长孙的身份让章韬事实上领受了不少自由而散漫的爱。虽然勤劳早已成为刻在父亲骨子里的基因，自己一天也不愿意耽误干活，但他从未逼迫儿子去干太多的体力活。

和同龄的城里孩子比起来，章韬更像一头淳朴、健壮、生命力蓬勃的小兽，保留了天性中的灵气和野性。

在村里，章韬读过的幼儿园、小学一直都在。他的小学就在家门口，走过去不到二百米，如果翻墙，则只有几十米距离，现在升级为固东镇中心小学。从小到大，他的成绩一直很好，语文更是拔尖，唯一的遗憾是英语，中考都没有及格，就算如此，他还是考入了腾冲一中。和我大部分来自乡村的学生不同，章韬好像没有面临过太多物质的窘迫，"我的命比较好，小学费用不高时，家里穷也不要紧，念到初中，家里情况好转了一点，念到高中，我爸帮人打工，工资接近一万，已经算很高了"。

在章韬的同龄人中，他小学班上三四十个同学，考出去的有五六个。在传统的职业选择中，像他这样1990年代初期出生的男孩，依然有人选择伐木。父亲早早从事这一行当，深知其中的艰辛，不让唯一的儿子去缅北伐木，是他的心理底线。

和多数男孩对未来的懵懂不同，章韬从小到大对自己的人生有清晰的想法。只不过种种具体的梦想一直处于变化之中。小学时，他曾想过当警察，"背一把枪，好威风，穿身制服，给人气派的感觉"。初中时，目睹老师被淘气的学生气哭，他对教师职业没有向往，倒是无意中听到老师对微薄工资的抱怨，让他对挣钱充满了渴望。事实上，相比别的学生，章韬有更多机会接触金钱：妈妈常年卖豌豆粉、米线，章韬时不时帮忙，很小就在细碎的现金交易中学会了算账；他做事细心，深得老师信任，从小学到初中，一直负责管理班费，"从来没有出过错，拥有金钱的感觉特别好"。对金钱的敏感和兴趣，让他在小学时就热衷和村里的小伙伴捡垃圾、拾废铁，天气炎热的麦收季节，甚至独自租冰棒箱卖冷饮。"想起来，到初中，我便明确意识到，最大的心愿，就是做大老板。"高中时浸润在腾冲一中古朴、深厚的文化氛围中，章韬赚钱的心思淡了很多，"高一时，我对传统文化的兴趣突然被激发，迷上了考古，特别想当一个考古学家"。这个梦想没有持续太久，等到上了大学，他感觉当考古学家的愿望越来越缥缈，宿舍里的同学大都来自广东，"大家都不喜欢考公务员，觉得太死板，感觉还是做生意比较自由"，章韬也回到初中时的想法，经商的念头越来越强。

大四最后一年，临近毕业季，章韬在广州一家银行实习几个月后，对水泥森林中极度紧张、压抑的生活，产生了深深的厌倦，但对要不要留在广州，始终犹豫不决。2014年1月，父亲外出购买装修材料，被开往缅北运送木材的无证货车撞上，脑部重度受伤。"当时放寒假，正在回家的长途大巴上，因为睡觉，我一直关机，打开手机时，看到满屏的未接电话，我就知道家里出事了。"章韬直接赶往医院的ICU，见到了无法辨认的父亲，一个亲戚告诉他，父亲命虽保住了，能不能清醒过来不好说，有可能成为植物人，"几个医生也这样说，我就比较害怕"。庆幸的是，在昆明做完手术，经过精心护理，父亲逐渐恢复过来。"作为独生子，我立即知道了自己的选择，我担心亲人再次出现意外时，我在千里之外获得消息，我不想给自己留下一生的遗憾。"

大学毕业后，章韬果断回到家乡，跟随父亲打理木艺工坊。他追溯回来的由头，父亲遭遇的变故，是直接原因，但不喜欢广州的天气，"受不了广州这么热"，则是一个云南孩子最真实的感受："我到广州觉得不舒服的地方，就是每天都要洗澡，每天都黏黏糊糊，而云南的空气干爽清洌，三四天洗一次就好。"

宗艺木坊

对于章韬的返乡，父母表现出完全不同的态度。

父亲支持他，"我们的关系像弟兄两个"。父子俩价值观相同，对于人生的设想，父亲觉得，"应该用在最有价值的地方"，在他的理解中，自己坚持和辛苦了那么多年，在木艺制作方面已经给儿子搭建了一个平台，章韬多少有了一条退路。潜意识里，父亲坚信，儿子能耐越大，自己工坊的转型也会越方便。更重要的是，他对章韬没有不切实际的期待，从不觉得孩子在广州念完大学，就不应该回到乡下，既然大城市生活不易，物价贵、房子贵，还不如回来发展。

妈妈则希望儿子找一份有编制的工作。"我妈是那种特别传统的人，我就算做生意能闯出一片天地，她也不高兴，哪怕我一天有一万元的利润进账，她也觉得悲观，觉得没有明天，她认为当一个教师也可以，考一个公务员或者是政府合同工也可以，只要是有编制的职业，就喜欢，她信奉那句话：吃公粮的，星期六在家闲着也有钱。"直到现在，每有人问起，章韬念完大学为什么没有留在城里，妈妈总要强调，"儿子本来在广州的银行上班，是家里人将他叫回来的"，仿佛这个曾经的事实，能够给予她足够的安慰。父母态度的分歧，让章韬很长一段时间都处于挣扎之中，他从不和妈妈争辩，只想赚更多的钱，让她放心。

父母理念的差异，从两人处事态度可以看出来。碰上无理取闹的执法人员，父亲会捏着拳头冲出去，妈妈则会在后面拼命拉住丈夫。

经过几年的打磨，章韬从初期的隐约失落转变为暗自庆幸，在断断续续了解到当初留在广州的同学大部分空间逼仄、日子艰辛时，他对自己的选择更为坦然。一些看得见和看不见的因素，都成为他安心留在家乡的支撑。

对国家的宏观战略，章韬极为敏感，他看好"一带一路"给云南带来的机遇，腾冲作为边陲省份的名城，一直是通往缅甸的重要口岸。历史上，滇缅铁路和驼峰航线，曾在特殊时期发挥过巨大作用，腾冲市内庄严静默的国殇墓园，始终以一种沉默而笃定的方式，叙述着这片土地曾有的激荡和悲情。章韬对腾冲的前景极为乐观，他说服家人在即将开通的火车站旁购置了商铺，既然自己不会进入体制工作，那自由地经商，就是最好的选择。尽管宗艺木坊的经营还算稳定，随着缅甸的封关、缅北局势的恶化，原材料的匮乏，是看得见的后果，迟早面临转型是章韬必须接受的现实，"如果以后不做木艺，我会琢磨是否转行翡翠，再不济，也要留意餐饮"。

除了工作的踏实，当地优美的自然景色，也给章韬带来了极大满足。在没有走出云南之前，他对沿海城市充满渴望，但通过高考外出见识过后，他发现高黎贡山护卫的故土，火山石建起的村庄，其实是人间少有的好地方，"内地农村，特别是城郊接合部，看起来就像垃圾场"。

当然，章韬返乡后，也遭受了难以释怀的困惑：上大学让他失去了农村户口。2010年考上大学时，录取通知书的附件上，明显提示，"为了毕业后就业方便，最好把户口迁到学校"，章韬就此去当地派出所咨询，得到的答复是：迁出去以后还可以迁回来，不会有任何影响。但事实并非如此，回到腾冲后，他的户口一直难以迁回，"我感觉很遗憾，我被欺骗了"。失去农村户口，意味着章韬不仅失去了户口负载的基本资源，根据政策也失去了购买农村土地的资格，"他们之所以这样做，就是想拉高城镇化水平，把居民生硬地拉到城镇范围里"。在城镇化快速推进过程中，章韬只是城镇化率分母中很不起眼的一个分子，不能迁回户口的伤害，一直让他难以平复、耿耿于怀。

宗艺木坊是典型的家族工坊。腾冲毗邻缅甸，木材加工一直是传统行业，尤以名贵的金丝楠木为甚。章韬父亲自2006年转行做根雕后，逐渐独立出来，自己开了一家工坊。出车祸前，工坊正历经从起步到发展的关键阶段，突然的变故，让工坊处于停顿状态。章韬对于木艺，并无特别的研究和兴趣，在决定随父亲打理工坊后，他从当初的"被逼与木头接触"，到现在终于"自愿地喜欢上"。他的工作体验，夹杂了获得利润以外的精神快乐，每一次切出木板的新纹路，一种无法言喻、源于大自然赐予的美感，都会让他兴奋起来。

从工序而言，买料、设计、加工、销售是核心环节。父亲经验足，原材料的质量，完全依靠他的判断，"去买料子的时候，爸爸的重要性最明显，树根做成什么样，他心里要有数，茶台怎么切，就靠他定翘板"。原材料依靠缅甸进口，腾冲的商人多年来一直可以便捷地进入缅甸采购。2015年章韬完婚后，全家人将重心转到工坊，准备大干一场，不料缅甸突然封关，木材停止出口，他们就算压缩了别的开销，也只是在边贸的尾货中抢囤了少量原料。如何获得稳定的原材料供应，成为家人最担心的事情。

产品的设计，是工坊的核心竞争力，尽管工坊产品有不少是实木大板，貌似不需太多设计，只需根据材料的尺寸裁剪，但原生态的根雕是否出彩，则完全取决于父亲来自直觉的设计。宗艺木坊，不但承担了展览成品的功能，更是半成品制作加工的场地。父子俩对加工环节极为严格，以上油漆为例，因工坊在路边，白天繁忙的车辆会带来灰尘，他们喷漆时，会选择晚上进行，在油漆的选用上，更不会计较价格，常用的高端品种，价格逼近三千元一桶。

销售环节有两条线，一条借助不同地方开设的实体店，一条借助网上的微信推广。无论哪条线，都涉及运输环节的物流问题，产品特殊，打包尤为重要，物流成本的攀升，增加了工坊的经营压力。缅北封关后，加上外部经济环境的变化，销售面临激烈竞争，为及时回笼现金，往往要低价出售成品，行情不稳，成为常态。在腾冲，入行木艺的大都为本金不多的小业主，有些碰上生活窘迫，迫于生存压力，会赶着销售，将存货早点变现，所获利润仅仅来自加工费用，对极度依赖原材料质量、利润来自地域优势所带来之差价的木艺行业而言，这种倾销策略性价比极低。章韬入行时间不算长，却已见证身边不少同行在严酷的市场压力下遗憾出局。

整体看来，面对工坊复杂而烦琐的程序，家中成员各司其职：买料和设计，父亲把关；加工由父亲和章韬协作完成；销售环节全家参与，网络销售以章韬为主，实体店则由妻子和妈妈管理；日常后勤由妈妈和妻子分担；作为勤俭节约的典范，妈妈主动承担了全家的财务管理工作，所有产品的进账，都会从她的账户出入。无论如何，一家人的核心是父亲，宗艺木坊的灵魂人物也是父亲。

从职业传承而言，章韬大学毕业回到家乡，跟随父亲加入宗艺木坊，沿袭了一条古老的"子承父业"的手艺人路径，只不过章韬踏入这条道路的时间起点，要从大学毕业后的时光算起。

手艺人父亲

　　章韬的爸爸出生于1970年11月。童年时期，家里的生计全靠爷爷上山砍柴售卖，"爸爸出生一百天时，爷爷外出砍柴，山上的大石头滚下来砸死了他。"直到2016年，爸爸才将爷爷的骨殖捡回来，按照习俗安葬在靠近亲人的山边。

　　爷爷去世后，奶奶带着年幼的儿子改嫁，后来又生育了几个孩子。像那个年代的多子女家庭一样，奶奶的日子过得一地鸡毛：吸毒的曾祖父、冷漠的继祖父，不争气的叔叔。在生活的重压下，奶奶对尚未成人的儿子逐渐失去耐心，变得越来越漠然。1990年代末期，叔叔在口岸和贵州的几伙流氓打架，造成重伤无人理会，爸爸将叔叔送去医院，没有抢救回来，去公安局报案后，直到现在都没有结论。

　　爸爸从小喜欢画画，年幼阶段还不会写字，在一贫如洗的家中，他挖空心思寻找机会。家里有一个搪瓷缸，瓷缸底部有一匹马，这是爸爸唯一能找到的与"美术"有关的资料。"小时候，我照着画，就画那匹马，越画越像，等我学会写一二三四，那匹马已被我画得可以跑起来。"小学毕业，同学互赠礼物，爸爸没有钱，让每个同学撕下一张纸，画一匹马算是回赠。家里穷，爸爸念到初一，学业被迫中断，十四岁开始，他跟随邻居上矿山，十七岁，开始去缅北伐木。二十岁刚生下章韬，就被家里要求搬出来，三口人住在几间茅草房内，直到章韬十四岁。

对爸爸而言，伐木算得上青年时代最重要的副业，他从十七岁开始，一直干到三十四岁。伐木有明显的节令要求，雨季无法作业，要见缝插针抓住合适的时间。每到过完中秋节，爸爸就会去缅北，直到过年才回来，回家住几天，正月初几又得过去，在此期间，碰上家里收割麦子，爸爸也会赶回来。对于冬季缅北伐木的记忆，爸爸刻骨铭心的感受就是冷："太冷了，大雪飘飘，最怕大雪封山。""特别冷，根本不可能偷懒，一闲下来就必须烤火，否则会冻死，有时候下暴雪，木头从山上冲下去，掉进山沟，冲进雪堆，根本找不到，只能等雨季来临，冰雪融化后再去寻找。"伐木辛苦，劳动强度极大，在原始森林，一天要工作十几个小时，"早上天一亮，吃完饭，就去做，两头摸，早上摸黑起来吃饭，晚上不黑不进工棚"。大家心里只有一个念头，"多干活，多挣钱"。在爸爸看来，伐木甚至比下矿还危险，村里人前前后后在缅北死了几个。他们住的地方都是工棚，一个工棚住十多人，在单调、辛劳的日子里，他唯一的乐趣就是画画，山中取之不尽的竹木，是他触手可及的创作材料。

伐木作为副业没有太多确定性，能不能拿到工钱，只能靠运气，大都取决于老板的态度。妈妈记得，爸爸有时候出去几个月，一分钱都不能带回，大多时候，只能拿回几百元，如果偶尔能带回一两千元，就相当于一笔巨款。爸爸最后一次去缅甸是2004年，当年他颗粒无收，而孩子慢慢长大，面临越来越大的教育开支，这也暗中促成了他后来的转型。

在爸爸眼中，缅北的经济极为落后，很多村庄还处于刀耕火种、靠天吃饭的阶段。不少当地村民种植粮食时，先是砍出一片地，然后放火烧，烧完以后，拿木棍戳一个洞，将种子随意丢在洞里。村民有一些原始习俗，种一颗种子，唱一句歌，种完地，晚上就回来喝酒，根本谈不上精耕细作，自然也没有发展观念，更不要说商品经济意识。

村庄最好的房子是木楼，大部分人住在茅草房里，在当地村民看来，只要不漏雨，就算得上好房子。茅屋没有水电，取暖靠烧火，偶尔看到一堆熊熊燃烧的篝火，可能仅仅用来照明。村庄不通电，也就没有电灯、烧水壶这些常见的电器。村民日常直接喝冷水，没有喝茶的习惯，最大的消费，就是喝酒、吸毒。孩子出生后，父母不会管太多，在放养中任其长大，体力见长后，就上山伐木，到一定年龄，结识一些社会青年，他们会聚集一起，开始接触毒品，整个成长阶段，没有国家强制的义务教育。

章韬从未去过缅甸，也没有上山伐过木，但他去过中缅边境，对边境两端的差异，有着直接感知："一线之隔，一边在打仗，冷枪冷炮，孩子们伸出很瘦很黑的手，从铁丝网里面讨钱，一边则国泰民安，老百姓过着正常的生活，我的感觉，真的是一个天上一个地下。"章韬好几次目睹缅北的孩子翻过铁丝网，灵活如小猴，到中国的土地上讨钱，有些孩子甚至会说中文。

战争、毒品、贫穷、得不到照顾的孩子，这些缅北的亲眼所见，在爸爸脑海中显影出自己的中国图景，他由此对统一而强大的政党领导，怀有强烈认同。尽管爸爸童年的生活也极为艰难 —— 贫穷、亲人的冷漠、寨子里他人的歧视、被打谷机卡掉的手指、特长无法施展的压抑——但在祖国阔步向前的发展大势中，他从未丧失对生活的信念。章韬的出生，给爸爸的生命注入了神奇的力量，他所有的努力和奋斗，始终拥有一个发力的方向，所以能在遭遇严重车祸后，凭着顽强的毅力，获得了奇迹般的康复。我在和章韬爸爸聊天时，他反复强调："我会尽力帮他们，直到不能行动的那一天。"他将自己朴实而坚定的信念表述为："亲手创建一个团结幸福的家庭，树立良好的家风，创造过得去的经济条件，帮助章韬他们继续发展，让他们过上更好的生活。"

确实，爸爸通过坚守和实践自己的信念，让章韬受到了良好的家庭教育。

在章韬童年阶段，爸爸尊重儿子的天性，鼓励他自由自在地玩耍，但在习惯和规矩的确立上，又坚持明确的界限。爸爸对当下城里人纵容孩子的消费主义观念极为不屑，勤俭节约，是他对章韬的基本要求；他也不满城里人以工作忙为由，导致陪伴孩子的时间太少，在他看来，父母不在孩子身上花时间，必然会影响他们顺利成长。我后来才意识到，他对教育的感悟，一方面和他持有"言传身教"的传统理念有关，也和他多年带徒弟做根雕的经历有关。

章韬爸爸是腾冲有名的根雕师傅，当地很多不错的艺人，都出自他的门下。他提到，在工厂时，一位做木雕的同事，雕刻技术非常高，是工厂特意从福建挖过来的人才，有一次，客户定制的产品需要雕刻一头牛，老板指定这位福建师傅主刀，成品出来后，大家怎么看都觉得别扭，爸爸知道福建师傅很少接触牛，目睹整个过程，他给出的解释是："雕刻不能脱离实在的东西，这是我们行业的根本，如果福建师傅天天看到牛，以他的技术，肯定会雕得活灵活现。"他带徒弟的最大秘诀，就是教他们观察生活，琢磨实实在在的东西，就如他当年画马一样，除了反复临摹，还要找一切机会，去接近现实中的马。

——在我多年走访的学生家庭中，章韬爸爸的教育意识算得上自觉而强烈。事实上，在章韬身上，从求学、结婚，直到成为宗艺木坊的一员，在为人处世层面，确实能看到父辈施与的影响。爸爸经常对章韬说："做生意，我教给你'买卖'两个字，'买'和'卖'，你做好其中的一个，就可以了。"在他的理念中，一个家庭，要有总目标，家庭成员也要知道自己的职责，大方向把握好，家庭才有希望。

章韬爸爸提到的"陪伴孩子"，主要表现为繁忙的劳作后，无论多累，他都会抽时间陪家人一起喝茶，在聊天中和儿子、儿媳讨论工坊的品牌化目标，思考工坊实力的提升途径，"我要求他们不能吸毒，不能醉酒，不打麻将，不浪费时间，要多思考未来的发展。"爸爸对章韬的能力充满信心，相信自小对他的严格，有利于儿子的成长，"严父出虎子"的理念，深深烙在他的脑海中。生活上，他勤俭节约，对消费主义保持警惕，同时要求章韬不乱花钱，"要好好过日子，好好谋事情，把钱用在最值当的地方"，他始终认为，如果经济状况刚刚有一点起色，就沾染暴发户行为，"那很快就会完蛋"。

有意思的是，爸爸除了专业上的引领，还经常对子女进行爱国教育，他关心国家大事，"我虽是一个普通农民，对于国家的前途，也很关心，我最担心中国重新陷入列强的包围，如果我们自己不争气，就真的可能被他们玩死掉"。显然，异国的生存经验，让爸爸多了一重观照世界的宏观视角。

受爸爸"工坊品牌化"观念的启发，近两年，章韬最大的心愿，是协助他申请非物质文化遗产的根雕传承人。爸爸文凭不高，但在当地影响很大，可以说，腾冲当地做根雕的人大都师承了他的手艺。前几年，赶上木雕行业的爆发期，不少徒弟乘势将规模扩大，甚至带出了第三代徒弟。爸爸在申请"非遗"传承人的过程中，因性格刚硬，说话太直，第一次没有成功，这对他"工坊品牌化"的目标有很大影响，甚至波及了商标注册，但他并未将此事放在心上，始终保持乐观的精神状态，他相信，少年时代那么艰难，自己单枪匹马都干出了一些名堂，现在条件好了，做事的空间只会越来越大。

"时代不同了，我们普通人都有能力，把这个生意搞得很好，我们就像一根坚强的小草，落地生根，遍地开花，根本不用怕。"

"天生我材必有用"。

"我现在思想越来越宽阔，我想做的事情还很多"。

—— 在后来的联系中，章韬告诉我，爸爸的手艺，逐渐被当地政府认同，2020年和2021年，连续被推荐到昆明国际会展中心，同时参加了第14、15届民族民间工艺美术博览会，作品两度获得"云南省工艺美术协会"授予的金奖。

缅北雨天工棚里的坚守，时隔多年，终归收获了认同。

来到腾冲次日，天空便下起了小雨。在淅淅沥沥的夏雨声中，我和章韬一家围在一起，享用难得的空闲时光一边喝茶，一边听他们聊往事，也谈对未来的设想。身为异乡人，沉浸其中，我内心弥漫着一种特别的笃定和安宁。我忽然理解，为什么云南人不喜欢外出，为什么故乡对章韬有着致命的诱惑。

作为同龄人，章韬爸爸的人生经历，显然和来自内地的我完全不同，但共处的同一时代，终究在我们身上打下了相同的精神烙印。亲历20世纪80年代向90年代的转型，无论身处何处，无论历经怎样的贫瘠，无论碰到怎样的挑战，那段驻留于我们青春期的蓬勃岁月，都曾作为一种共同的精神力量，注入我们年轻的生命。

是的，无论现实怎样将我们打趴，我们总能克服重重困难，在不同的地方站立起来。我的经历是这样，我后来走访的何健妈妈、林晓静妈妈、早亮妈妈同样如此。

这是属于同一代人，元气充沛的时代记忆。

大学生老板

章韬毕业回家后，严格按照"成家立业"的古训，进入自己的人生轨道。父母老早就告诉他，不要找外面的女孩，一则语言不通，二则生活习惯不同。章韬知道，爸爸妈妈是权威型家长，外面前卫时尚的女孩，在亲子关系中和父母类似朋友，这和他们的家庭氛围显然不同。作为独生子，他从小就接纳自己在家庭中的位置，父亲遭遇车祸后，做任何选择，章韬都会从家庭角度考虑，既然父母对自己找对象有明确要求，遵从他们的意愿，就成为章韬理所当然的选择。

章韬大三时，父母看中了邻村一个女孩，托人牵线，章韬主动和她取得了联系，两人共同语言多，极为聊得来，恋爱两年后，顺利进入婚姻。对章韬而言，"成家立业"的大事，在大学毕业仅仅十个月后，就成功完成了一半。妻子职高毕业，曾在昆明从事酒店管理，尽管在城市生活多年，却始终保留了农村女孩的朴实，并未受到消费主义的半点影响。在家庭分工中，妻子不仅和妈妈承担后勤任务，还要和章韬分担销售工作，她语言天赋好，在章韬鼓励下，一边学英语，一边学缅甸语，既方便了当下的木艺销售，也为今后的转型提前准备。

想起大学的生活，章韬偶尔会问自己，读大学，对自己的职业选择，到底有没有用？大学期间，章韬宿舍住了四个人，两人来自山西，一人来自广东，他来自云南。其中，来自山西的刘鹏，对他影响最大，刘鹏爸爸经营了一处家政公司，他从小就学会了从经济层面对人生进行规划，进入大二，他果断转去了金融系。来自广东佛山的邓子阳，家里经营混凝土生意，大学毕业后，他去英国待了两年，回国后，自己开了一家车行，同时经营一家烟酒行。这种偶然的巧合，在他们日常的交往中，强化了几个年轻人对自由的向往，在学生时代，就坚定了他们对自由职业的追寻。

来自同伴的提醒，会让章韬意识到一些需要改进的地方。章韬承认，尽管云南人的身份带来他人的成见，例如大学期间，同窗都建议他申请助学金，实际上，这种对云南地处偏远、生活贫穷甚至刀耕火种的想象，并不符合自己的实际，但他来自乡村的人生起点，比之舍友，还是有看得见的差距。童年时期经济上紧紧巴巴，会导致章韬偶尔缺乏自信，以致刘鹏得知他下定决心要回乡创业，作为挚友，曾郑重地叮嘱："有些东西你如果放不开，会影响以后要走的路，不要因为出身平凡，将钱看得太重，免得死在'节约'观念上。"在经营宗艺木坊的过程中，章韬始终记得刘鹏的叮嘱，从不和客户斤斤计较。

另一件让章韬感触颇深的事，是念大学的积累，帮助他突破了传统的销售模式。章韬大二之前，喜欢看课外书，阅读量很大。假期回到父亲的工坊，有时接待客户，他发现与他们的交流，很少直接触及产品，而是更多聚焦与产品无关的其他话题，"说到底，还是价值理念和他们相近，与客户产生共鸣后，他们非常信任我，认可我，进而认可我做的产品，没想到，无形中，竟然搭起了一种新的销售模式，这让妈妈对我刮目相看"。

得知父亲获得"根雕传承人"的强烈心愿，章韬不动声色地引导他阅读历史书，引导他更深地理解产品的文化内涵，"不要让非遗评委觉得你是个大老粗，而要让他们看到你的文化"。有意思的是，家里的氛围，因为大学生儿子的回家，发生了很多改变，章韬只要有空，依然坚持大学年代的阅读习惯，并将阅读范围更聚焦于历史书籍，"我跟爸爸都喜欢研究历史，有时外出买料，需要坐很长时间的车，整个旅途，我们都在谈论历史，国家的历史、村里的历史、个人的历史，我们都会讨论。"

章韬大学的专业是中文，他将自己目前从事的工作，描述为"文艺加体力的结合"。他坦言，加工木艺，尽管算得上体力劳动，但同样能让人感受到艺术创作带来的快乐。对章韬而言，销售工作算得上脑力活，和客户的大量交流，不但会给他带来实际的收入，也会帮他获取新的信息。相比学校教育和家庭教育，章韬工作的开放性及与他人的密切联系，让他享受到了触手可及的社会教育，他将客户带来的人生滋养和启发，视为大学教育负载的溢出效应。

妈妈此前坚信"无商不奸"的古训，但一家人的性格天生厚道，没有半点"奸"的影子，她对开办工坊始终惴惴不安。她希望丈夫去别的工坊打工，希望儿子凭学历找一份稳定工作，妈妈没有想到，章韬文化素养的积淀，增强了与客户的思想交流，而相同价值观带来的信任，让她亲眼见证儿子将一种新的销售模式变为现实。

一个广西的客户，因为和章韬聊得来，不但帮衬了很多生意，同时以朋友的身份叮嘱章韬，手头紧张的时候可以找他周转资金。两人聊得投机时，甚至会讨论"劳动人民"的话题，广西客户认为，"人与人之间的平等交流很重要，社会一直在变，但中国劳动人民的质朴没变，只有这些人，才是最真实、最靠谱的"。他建议章韬一定要接地气，只有内心看得起劳动人民，才能保持内心的笃定。

一个做工程的湖南客户，来过腾冲四次，接触了很多工坊老板，最终将信任托付给章韬，同时引荐很多同行来洽谈生意，"我毕业那两年，超过三分之一的业绩，是他帮我拉来的"。湖南客户鼓励章韬打开思路，在控制风险的同时，尝试做一些投资，2016年，章韬贷款买房的决定，就来自他的建议。

妈妈以前并不理解章韬所说的"磁场"，但他开启的全新销售模式，让妈妈看到商家和客户之间，就算不见面，同样可以建立牢固的信任关系。妈妈以前只相信埋头干活，只相信劳动才能带来财富，但现在，她发现儿子没怎么和人谈生意，却总是将交易顺利促成。妈妈以前对章韬念完大学不肯进入体制、不肯找稳定工作耿耿于怀，但现在，她切身感到，儿子作为一个念过大学的老板，终究和身边多数没有念过大学的人不同。

爸爸最自豪的事情，来自客户对章韬的高度评价，"他们夸赞我的工艺和才华，更夸赞章韬的朴实和靠谱，深入交流后，客户发现我们不但产品好，人也很有思想。"对章韬来说，这些通过网络认识的客户，他们交付的信任，意味着更多的责任，"他们将业务托付给我，我不能辜负他们的善意"。在章韬看来，自己二十多岁的年龄，就拥有机会从客户身上获得思维方式、价值观的洗礼，并借此进一步丰富自己对社会的理解，帮助自己获得更快成长，他将这种收获归结到念大学带来的契机，"我不读大学，也可以做目前的生意，但状态会完全不同"。

有意思的是，章韬大学毕业后，因生意上的历练和现实中的打拼，他年少时代朦胧、不确定的梦想，在现实的显影中，竟然倔强萌发。他坦诚李嘉诚创办汕头大学对自己的触动，"大学时候，我就设想，若有机会，一定要从学校做起，一定要向外界介绍我的家乡，然后拉动整个腾冲的教育资源"。他认同教育的可持续价值，并对乡村教育有着特别的关注，腾冲的和顺是他心中的理想："和顺成为一个非常牛的村落，就是因为那儿很多做生意的人，知道物质与文化并存的道理，他们拿出自己的股本，保留自己的文化根脉，赋予家乡一种永恒的美感和魅力。"目睹城乡的差距，章韬担心寒门难出贵子，"如果没有社会力量的介入，这一担忧就会变成现实，要阻止这样一种趋势，社会组织真的很重要"。

在我的学生中，章韬始终呈现出充沛的元气，他知道当下同龄人的不易，广州的实习经历，让他体验到了驻留大城市的艰难，但他依然坚持："从微观看，我们这个时代，比你们那时候要好。"

建房记

从落地腾冲算起，我在章韬家待了三天，除了去见他外婆，大部分时间，我都在和平村及宗艺木坊度过，亲眼看见章韬和爸爸制作及销售产品的过程，有空也会聊聊天。在整个家访过程中，最让我意外的是章韬家的房子，这完全颠覆了我对云南人生活条件的认知。这种震撼，不仅因为我从来没有想到，一个普通农家居住的房子，可以用常人无法想象的名贵木材搭建，更重要的是，当建房的目标确定，一个家庭，可以在十几年的坚持中，表现出惊人的耐心、坚定和底气。

我和章韬父母闲聊的话题，除了章韬大学毕业返乡的另类选择，另一个核心内容，就是"建房子"。我明确感到，"建房子"对章韬一家来说，不仅仅和改善安居条件有关，也承载了全家人的寄托和希望。在章韬的记忆中，家里的木房子，从竖起的几根木柱到逐渐成形，伴随了他整个成长过程，也凝聚了他很多劳动。我隐隐觉察，除了父亲车祸这个偶然的事故，让章韬切身感受到家庭责任，承载在木屋中对家的眷恋，可能是他下定决心回到故乡的情感动因。

而我之所以在此要特意强调"建房子"对一个农村家庭的特殊意义，是我深切感受到，在"建房子"和"送孩子念书"之间，当父母面临实际的经济压力无法同时兼顾时，两者之间的普遍性冲突，最能折射一个家庭的真相。在随后走访的张正敏家、何健家，我同样看到一个个家庭对安居之所的极度渴望，但为了送孩子念书，迫于经济压力，父母不得不放慢修房的进度，甚至停下装修的步伐，以致"一年修一层"，"修了十几年"，"房子没有任何装修"，"一个裸露的家"，成为不断进入我视线的相同图景。

在"建房子"背后，我看到了中国家长普遍的坚持和付出。在"生存"和"发展"的天平中，他们只会往自己的身上增加负荷，小心翼翼地把持家庭航向，不惜让一个个"裸露的家"，伴随孩子更为紧要的成长。

对章韬父母而言，要维系两者的平衡，同样需要付出艰辛的劳动。

章韬父母"建造一栋冬暖夏凉木房子"的心愿，萌发于结婚那年。1991年章韬出生后，爷爷奶奶要求和他们分家，一家三口此后一直住在祖宅旁的三间茅房中。茅房位于今天木屋的左边，由几根并不结实的木头搭建一个架子，加以竹子编成的篱笆隔离而成，共有三间房，

"一间厨房、一间堂屋，还有一间睡房"。粮食只能放在睡房床底，家人最害怕下雨大水冲进来，雨水浸到床底后，导致粮食受潮迅速发霉。章韬有个印象，"小时候，一年到头都吃五颜六色的米"，长大后，他才知道其中的真相。在茅屋中，章韬一直住到了十三岁，父母对房子的设想逐渐清晰：简易楼房，不漏雨，楼房上面住人，同时方便贮存粮食。

对所有农民而言，"建房子"是他们最为庄重而执着的心愿。章韬父母要实现这个心愿，同样只能依靠古老的途径：拼命劳作，一点一点积累。尽管今天看来，因和缅甸接壤，腾冲显露出特有的活力和开放气息，固东镇也并无半点边陲小镇的闭塞和无序，但在章韬父母成长的年代，和大多数中国乡村一样，贫穷依然是基本的底色。除了打理既定的农活，要增加收入，寻找副业就成为父母唯一的选择。

多年来，"一天都不能在家耽搁"，是父亲对自己的绝对律令。

如果说，缅北伐木为爸爸接触"木艺"埋下了伏笔，甚至助他萌生了建一栋木屋的想法，那么，依附在画画兴趣上的无意识坚持，则为他后来转型做木雕奠定了坚实基础。哪怕囿于缅北寒冷的工棚，在极度疲劳的侵蚀下，只要有一点点时间，爸爸都会将随身携带的铅笔和橡皮拿出来，反复临摹毛主席和周总理的像章，完成后，他总是习惯交给工友评价，而工友唯一的不满，就是抱怨画得太小。有时雨天不能外出干活，爸爸就待在家里画肖像、画展示道场地狱场景的油牌，"为了生存，爸爸画油牌画了好多年，他用很高的水平，换取很低的收入"。

转机出现在2004年，爸爸从缅北伐木回家后，因拿不到工钱，只得另寻出路。恰逢镇上一家根雕工厂的师傅全部离职，老板知道他绘画功底好，通过章韬舅舅找到他，邀请他加入工厂并承诺好好培养。虽然开出的工资不高，但爸爸由此接触到了根雕艺术，这次入行，彻底激活了他潜在的绘画天赋，因基础好，造型能力强，掌握雕刻工具的使用技巧后，爸爸进步神速，"要雕什么，我心里、世界里、满脑子都是"。可惜工厂经营不善，三个月后，遗憾倒闭，爸爸再次面临失业窘状。意想不到的是，他有雕刻技术傍身，失业消息一传出，腾冲市内及口岸的几家工厂纷纷邀请他加盟，开出的薪水，远远超出缅北伐木的收入。从此，爸爸彻底告别了冬日浸骨寒风中伐木的日子，让他告别依靠体力讨生活的日子，开始凭兴趣和爱好立足社会，并逐渐闯出了一片天地，为章韬大学毕业后顺利返乡奠定了基础。

木雕行业最好的日子，就是爸爸帮人打工的那几年，"从2006年开始，一直到2013年，这七年算得上黄金时段，其中2008年到2012年是最高峰"。章韬记得，2006年念初三时，爸爸被福建的一位老板挖走，在口岸的加工厂，他的天赋，第一次获得了别人的尊重，收入逐渐看涨，第一个月工资三千元，第三个月，老板主动涨薪到四千五百元，远远超出了当地教师的待遇。爸爸被市场的认可及赚取的可观收入，在村民中引起了轰动，村里的无业青年，纷纷拜师学艺，爸爸关注度的提升，让章韬切身感受到了木雕行业的火爆。"树根才切开一个桌面，顾客看看后什么都不讲，就说我要了，产品还没做好，就被人订走，货根本不用进店，生意非常火爆。"2008年，章韬在腾冲一中念高二，父亲以八千元的月薪，被腾冲市里的根雕公司请去，家里由此获得了强大的经济支撑，更重要的是，父子俩周末能轻易团聚。也是在这一年，家里添置了第一台电视机，对章韬而言，这是家庭经济状况好转的明显标志，"电视装好后，我在家看了一整天，特别新鲜。"在爸爸看来，这段日子最大的意义，是让他建造一栋木房子的计划，从朦朦胧胧的念想，获得了兑现的可能。

爸爸从伐木转型到根雕的同时，妈妈的副业是卖米线。云南人爱吃米线，妈妈借别人的机子，将米线做成半成品，一天步行十公里，用箩筐挑着，去周边的村庄贩卖。生意好时，下午一两点就可以回家，赶上时间早，可以抽空上山砍柴，准备煮米线的燃料。家里喂了猪，妈妈还得见缝插针去田里寻找猪草料，或上山扫落叶垫猪圈，储备农家肥，妈妈对这段日子刻骨铭心，"反正很苦很苦，别人在睡觉，我们饭都没吃，回到家里总是忙不赢，接不了小孩，猪又叫，肚子又饿，一顿热饭都难吃上。"

建房子历经的时间长，说起来，章韬家的木房子，在他大学毕业的2014年，才慢慢显露真容，以下是建造过程中几个关键的节点：

2004年，拆掉住了十三年的茅屋，开始搭建木屋的架子，并用篱笆围合。

2004年到2010年，章韬从初中到高中，木房子没有任何进展，家里的积蓄，除了建围墙外，主要用于章韬念书。

2010年，章韬上大学，家里用几万元积蓄修建房子，主体结构落成。

2014年，为方便章韬朋友、同学来访，装修了楼上的阁楼。

2015年，装修了章韬的婚房。

2020年，修建了木屋旁边的余屋。

算起来，从搭建架子到余屋完成，章韬家房子的修建，整整横跨了十六年，由于时间跨度长，房子从用料、结构到装修风格，烙下了不同时期的痕迹，爸爸戏称"就像一个混搭的燕子窝，混杂了不同时代的流行色"。在他眼中，房子的建造，确实如燕子搭窝一样漫长，需要耐心和笃定，"有一点砌一点，赚一点，就做一点建设"。而在章韬眼中，房子的逐渐成形，则铭记了他对家庭变迁的直观印象，他清晰记得门廊的柱子何时竖起，一楼的房间何时隔成，二楼的大门什么时候出现。"2014年，家里的阁楼装修好后，我特别兴奋，这是一个分水岭，我记得很清楚，开学后，还舍不得回学校，就想看着家里一点一点起变化。"正是这一年，章韬全家搬进了一点一滴建成的小木楼，切身感受到梦想变为现实的神奇。

当下，章韬最大的心愿，是将二楼的小茶室装修好，"凭栏望雨，静雅室，喝清茶"。

拉开时空看，章韬父母在他念大学以前，有两个目标：建房子、培养儿子。为达成目标，家里的经济支撑，除正常的农业收入外，爸爸的副业 —— 伐木、进厂、做根雕、开宗艺术坊 —— 构成了重要来源。妈妈卖米线的副业，尽管利润低，收入有限，但足够负担家里的人情往来和日常开支。在整个家庭的经济变迁中，父亲从伐木向根雕的转型，是最为关键的环节，而章韬大学毕业后的返乡，依靠知识的滋养，所带来的全新销售模式，则给家庭注入了新的希望和生机。

短短的云南之行，改变了我很多成见。多年来，目睹讲台下的孩子在文凭贬值、通胀横行和就业艰难的现实中挣扎，我切身感受到了他们在城市打拼所承受的多重煎熬，但在如何化解困境上，我对退后一步的设想，始终难有坚定的信心。

面对年轻人的困惑，我常常自我追问，到底什么才是美好的生活？是否只有大城市，才能给年轻人提供发展机遇？当立足城市日渐艰难，回到乡村是否意味着新的可能？这种种问题纠缠我，让我处于矛盾和无解的境地，直到来到章韬的故乡，亲眼看见他返乡后的工作、生活境况，看到他和家人相处的放松和笃定，看到他自信心和安全感的增强，我内心的疑虑，仿佛找到了一条疏解的通道。尽管我知道，章韬的选择，并不构成学生的主流，更重要的是，他返乡所依赖的基础，很多孩子并不具备，从他的个案并不能轻易推导出一个结论，但他的坚定和踏实，让我相信，如果有一技之长支撑起日常生活，回到故乡，在资讯极为发达的今天，充分利用好新媒体的便捷，也许不失为一种可靠的抉择。

在随后的几年中，我观察到，相比我早期教过的学生对大城市的向往，近十年来，返乡的孩子已越来越多 —— 他们有的选择回到老家当公务员，比如1516045班的罗益鹏和我导师制的学生黎才腾；有的选择回到家乡当老师，比如本书中叙述的罗早亮；还有我的外甥女芳芳，她2008年从广东F学院毕业，在广州折腾两年后，最后安心回到

了生养她的地方 —— 湖北孝感。

　　结束腾冲的家访，我和章韬一直保持密切的联系。他目前已有两个孩子，陪伴在父母身边，陪伴在从小就很亲密的外婆身边，继续领受祖辈给予的爱，也传递给孩子一份爱。

　　生命的衰老和新生命的诞生，在他结实的日常生活中，都有着坚实的根基和存在。如何从父辈的职业传承中寻找出路，章韬的去向，给了我很多启发。

比山更高：自由攀登者的悲情与荣耀（节选）

自由攀登者并非来自民间。自由攀登的精神也并非孕育于自由的个体，而是诞生在中国最宏大的登山事件与世界最雄伟的山峰上。

—— 宋明蔚

我们常常把人生比作翻越高山，就好像攀登比人生更容易理解。事实上，大多数人对人生一知半解，对攀登一无所知。

过去二十年来，关于中国民间登山者的叙事大致有两类：

一类始于2000年初，在企业家与精英阶层间兴起的攀登珠峰热潮。各界名流一次性花费普通职工十多年的收入，报名参加珠峰商业登山队伍。他们沿着架设好的攀登路线，在向导的引领下，背着氧气瓶一步步迈向世界最高峰。这些成功人士勇攀高峰的故事常见于各类报道与出版物中，并伴随着房地产神话与互联网崛起，成了他们财富故事的一部分。但这不是这本书里要讲的故事。

另一类叙事几乎诞生在同一时期，却又发生在每一个时代。这是一群二三十岁的年轻攀登者奔向高山，在死亡的悬崖边寻找自由与自我的故事。从世俗的角度来看，他们中的大多数人都是失败者：有人大学肄业，甚至高中辍学；有人失去了高薪工作，甚至居无定所；还有人成长在一个并不幸福的家庭。正是这些失败者，书写了过去二十年来中国最壮丽、最隐秘的登山史诗。

这些人被称为"自由攀登者"。他们不想去爬那座世界最高峰。在川西的邛崃山、横断山，新疆的天山，西藏的念青唐古拉山，乃至喜马拉雅山、喀喇昆仑山，大量的未登峰等着他们去开辟。那些从未被人类登顶甚至从未有人涉足过的山峰，以及山峰上全新的攀登路线，充满了未知的冒险、无穷的挑战与前所未有的风光。

这两类民间登山者的叙事也代表着过去二十来年中国社会的两极价值取向。攀登世界最高峰的一类人象征着当今社会的整体基调：极度渴望成功，高度以功利为导向，关注宏大的叙事与不断攀升的数字。而这本书里的自由攀登者们则代表着另一类极少数群体。他们并不想完成一座比一座高的山峰，只是想在其中一座山峰上画下一笔优美的线条，并在攀登过程中获得足够多的快乐。或许你无法想象，在中国仍有一群人为了寻找快乐而不畏死亡，并从这份快乐中提炼出生命的存在感。这种宁愿为了快乐而冒险付出生命的慷慨，正是另一极的人们无法理解的。

过去二十年是自由攀登者 —— 真正的中国登山者 —— 不断涌现、交相辉映的年代。我粗浅地把这二十年分为四个时期：自由之魂、刃脊探险、白河十年、梦幻高山。正如书中的人物关系，这四个时期的故事既有时间顺序上的承接与倒置，也相互交织、彼此呼应。每一个时期的年轻人，都被各自所在的时代背景左右着：改革开放、个体经济的崛起、互联网的发展、民间登山热潮、非典疫情、珠峰高程测量、2008年奥运会、汶川地震、社交媒体的变革、新冠病毒疫情…… 有的人被历史的浪潮所吞噬，而幸存下来的人，选择继续用攀登来书写他们的故事。他们的每一次攀登，都是老人与海式的搏斗。只不过他们与之博弈的不是大海，也不是大山，而是真实的生活。当他们攀登到人生的顶峰时回望来路，不只有眼前的辉煌，还有深深的无奈与感慨。在大多数情况下，这种热血与唏嘘是并存的。自由攀登者的历史中，写满了悲情与荣耀。

自由攀登者只有寥寥几百人。他们也许还是中国死亡率最高的一类运动群体。遇难者平均年龄仅有31岁。我站在他们命运的尽头凝望，不禁好奇：他们在年少时如何一步步走进了山的世界？他们又为何变得如此坚定？他们通过登山获得了什么？失去了什么？他们如何看待物质与精神？中国传统的家庭观念在多大程度上影响着他们的每一次攀登？他们如何面对死亡、理解死亡？他们的死亡对幸存者有什么影响？还有那个古老的问题，他们为什么登山？我萌生了许多疑问，却找不到准确的答案。

中国自由攀登者的历史延续了整整二十年，却始终没有人完整、详实地描述过他们的生命处境，也没有人讲述过中国民间登山、中国阿式攀登、自由攀登文化的历史。关于那些逝去的年轻登山者的故事，他们人生中最光辉与最黯然的时刻，他们的成就与他们宿命般的一生，全部建立在一些感性的、碎片化的、充满纰缪的口头传说之中。这不仅造成了国际登山界了解中国登山历史时的巨大障碍，也造成了主流文化对这群登山者与登山文化的误解。随着这些逝者逐渐被淡忘，他们充满生命力的一生也即将在历史中消亡。

要想还原这段长达二十年的历史，时而回到那些决定性的瞬间与他们人生中的每一个十字路口，这并不是一件简单的事情。有些当事人已经不在人世，有些保存在幸存者脑海中的记忆已经变得混沌而模糊。诚然，我从学生时代的登山队到媒体从业期间，已有十多年的观察与记录，其中不乏某些重要的在场时刻，但这仍是一项极度挑战耐心、耗费精力、需要鼓起勇气的工程。在这期间，我被无数次问到付出如此代价来启动这个写作项目的驱动力。我往往无从回答。那是一种杂糅着好奇心与倾诉欲，时而悲悯、时而孤高的复杂情绪。我想起了故事中的那些自由攀登者们。到最后，我很想让他们知道，书写他们故事的作者如今已和他们一样贫穷、快乐，内心充盈而满足。

　　这也许不是一本单纯描写惊险情节的读物，最终让故事里的角色都以大团圆而告终 —— 虽然这会让我更容易下笔，也帮我省去了许多繁杂的采写流程。这也不仅仅是一本旨在歌咏壮美河山、颂扬人类意志的文学作品。我只是在讲述一段真实的、完整的、不为人知的故事。最终，我沿着这条写满了悲情与荣耀的小径，来到了山的脚下，探索来时的路，寻找这一页历史的起点。有人说，这要回到20世纪80年代末期，中国第一家高校登山社团，北大山鹰社，这是中国民间登山的起源。有人说，也许是2000年初，曹峻、徐晓明、杨春风、陈骏池攀登新疆天山的博格达峰，这是中国历史上第一次有据可查的阿尔卑斯式攀登成就。有人说，一定是马一桦开创的刃脊探险，这是中国民间第一家真正意义上的登山探险公司。有人说，一定是 CMDI（中国登山高级人才培训班），那可是自由攀登者的黄埔军校。这些历史事件总离不开自由的元素、民间的氛围，以及个人主义的色彩。但我认为，自由攀登者并非来自民间。自由攀登的精神也并非孕育于自由的个体，而是诞生在中国最宏大的登山事件与世界最雄伟的山峰上。

自由攀登的精神，诞生在2008年4月的一天晚上。

1

2008年8月，第29届奥运会在北京举办。早在2001年，中国在申奥成功时承诺："奥运永恒不息的奥运火焰将穿越喜马拉雅山脉，到达世界最高峰——珠穆朗玛峰。"为此，国家体育总局登山运动管理中心，从全国各地七所大学的高校登山队中招募了18名学生，参与到此次珠峰火炬传递中。执行火炬接力任务的队员由西藏登山学校的藏族队员，以及选拔出来的大学生队员共同组成。经过了2007年的奥运火炬珠峰测试和为期两年的艰苦训练，18名学生被淘汰掉了一半。9名大学生入选为火炬传递的正式队员。

2008年3月底，9名学生队员与57名西藏登山学校学员，在8辆汽车、10辆大卡车的护送下，连同40吨的后勤物资，被护送到海拔5100米的珠峰大本营。他们在珠峰北坡的严寒与风雪中，上上下下地拉练，运输物资，修建营地。一个月后，他们共搭建了70顶帐篷，使用了200个气罐、280瓶氧气，修建了累计长达9公里的攀登路绳。

学生队员严冬冬与周鹏，已经在海拔6500米的营地里驻守好几天了。4月的一天晚上，两个人正窝在小帐篷里聊着天。他们俩都有些悲观，看起来自己没有什么冲顶珠峰的机会了。在这次珠峰火炬传递活动中，学生队员们每天反复拉练，被严格规定攀登路线，严格遵从向导和教练的要求，这和他们想象中的攀登不太一样。严冬冬还和周鹏聊到自己最近正在翻译的《极限登山》（*Extreme Alpinism*）这本书。他们从攀登技术聊到攀登理念，最后一直聊到各自的攀登理想。他们俩越聊越热血澎湃。

严冬冬对周鹏说，我们自己搞几座山，试一下阿式那种攀登方式，不用向导。

他们盘点了当时国内七座有些技术性又没那么极限的热门山峰，口头拟定了"七峰连登"的计划。这两名热血沸腾的年轻人计划在火炬队解散之后，用一个月的时间，一路开车旅行，攀登那七座山峰。

严冬冬说，我们的登山组合就叫"自由之魂"吧。

周鹏心想，自由之魂是什么玩意，登山组合还弄个"魂"字在里面。严冬冬便用他那惯常的表达方式，阐述着他所理解的攀登与自由的关系。周鹏觉得，自由之魂就自由之魂吧，无所谓，听起来也还可以。

从这一刻开始，自由之魂的命运通过一根绳子紧紧绑定在了一起。这两名年轻人结为了生死搭档，并在几年后冲击着中国登山界的最高成就。

中国登山的历史跨越了半个世纪，而中国民间登山的历史却很短暂。在自由之魂组合成立的十年前，一提及登山，人们马上联想到的是那种大型的、官方的、喜马拉雅式的政治体育活动。五年前，马一桦创立了中国第一家民间登山公司刃脊探险，当时中国登山者还没听说过阿尔卑斯式攀登（阿式攀登）这个新名词。四年前，中国最著名的技术型山峰幺妹峰（海拔6250米）被马一桦等人攻克，中国登山者意识到这种险峻而陡峭的山峰，其技术难度远超于珠峰，也比登顶珠峰收获到更多的尊重与自由。一年前，刃脊探险公司解散，这标志着一个时代结束了。这两名穷学生即将成为民间登山界的领军人物，引领着下一个时代——但不是通过攀登珠峰这种方式。

在珠峰上海拔6500米的这顶小帐篷里，严冬冬和周鹏还没有意识到也不敢想象，中国自由攀登的历史即将被他们改写。他们只是想自由地攀登，自由地安排自己的时间，想爬哪座山就爬哪座山。对于中国民间登山者而言，"自由地攀登"是个高远而缥缈的目标。对于严冬冬和周鹏来说更是如此。他们还不具备自由攀登山峰的技术与经验，也没有维持攀登生活的固定收入来源，就连最基本的温饱都成问题。在中国登山界，没人听说过他们的名字。他们没有签约的赞助商，没有经验丰富的攀登导师，也没有华丽的攀登履历。他们什么都没有。就连唯一能拿得出手的清华大学学历，也被严冬冬放弃了。

2001年，就在中国申奥成功的那个夏天，严冬冬以678分的高考成绩，被清华大学生物科学与技术系录取。鞍山一中的同学和老师并不觉得惊讶。在他们眼中，这名从小学到高中一直就读实验班、尖子班的男孩，向来都是想考哪所学校就考哪所学校。他是父母的骄傲，同学心目中的神。严冬冬小时候的玩伴们还记得，爸爸妈妈以前时常念叨着，老严头家那孩子真是块材料。但老严头家的孩子也是个怪小孩：他是一个冬天穿着单薄的衣服，在操场上一圈一圈奔跑的孤独少年；一个遇到陌生人羞涩一笑，却又能随时用一句"那又怎样呢"的无所谓语气，把人噎个半死的乖僻男孩；一个爱用英语写日记，在放学路上高声诵读，用一篇洋洋洒洒的文章占了学校英文报一整版的英文学霸。对严冬冬来说，英语简单得都不该算高考的一门考试科目。鞍山一中的老师们还记得，他在填报高考志愿的时候，只填写了清华大学生物系，其他都空着。在高考第一天，他提前交卷，在烈日下迈着正步走出考场的大门，赚足了考场铁门外众位焦急等待的家长们的目光。严冬冬成了那一年辽宁省鞍山市的理科状元。

严冬冬顺利考入清华生物系，被分在了"生14班"。生14班是指2001年入学、生物系第4个班的意思。班里有个口号，爱你一生一世。这是"生一四"的谐音。入学半年后，严冬冬听说清华大学有个科学考察协会，平时玩玩特技训练，爬山爬楼，听起来很酷。这对他来说就像是另一个世界。就在他犹豫着要不要去试试的时候，已经错过了社团招新的时间。

到了大一下学期，严冬冬恰好碰见科考协会在清华第三教学楼的一间教室里开会。他走了进去。在会上，队员们播放了一段雪山攀登的视频。视频的配乐是清华大学学生科学考察协会的队歌，伍佰的《白鸽》。视频快结束的时候，屏幕上出现了一句话："每个年轻人心里，都有一座雪山。"在那样的年纪，少有人能抵挡住如此浪漫的诱惑。临散会时，严冬冬领到了一张卡，加入了这个社团。

严冬冬开始跟着社团集训。集训内容包括长跑、技术训练、户外拉练、负重爬楼。负重的重量从50斤逐渐增加到80斤。楼是20层高的清华1号楼。他要一口气爬6趟。第一次参加训练时，这名戴着眼镜、留着寸头、长着国字脸的微胖男孩差点就晕倒。训练后，他跑到校园里的食堂狂喝可乐。在前几次社团拉练时，严冬冬觉得自己"几乎死掉"。

严冬冬一开始对户外运动还算不上热爱，对山野也没有太多概念。真正让他融入协会，并让"山野"成为他那段时间生活中不可或缺的一部分的，是从黄花城至慕田峪的四日穿越活动。这是他的第一次户外经历。他没有沉迷在京郊的荒野与自然中，而是被户外环境中队友彼此之间的亲切感打动了。仅仅大半年前，这名18岁的大男孩还生活在东北二线工业城市压抑、封闭的高考氛围里，有一点孤独，还有一些自卑。只有碰到熟悉的朋友，严冬冬才会变得健谈起来，并用他独有的语气——几乎没有东北口音的普通话——挑出对方话语中的逻辑漏洞。在这次穿越活动中，队友们调侃严冬冬的说话风格：总是爱引用各种理论和数据抬杠，对方言辞中稍有不准确之处，就立马纠正挑刺。严冬冬还因此得了个"学者"的外号。

那次活动回来后，严冬冬开始泡在清华大学BBS论坛，水木社区。科考协会在水木社区有个单独的版块，"Braveheart"（勇敢的心）。社团里的队员们都称它为"B版"。B版里不仅有基础的登山知识，中国登山的历史，往届登山队员们的逸事，还有学生们的吹水帖。严冬冬用高中时玩的一款电脑游戏里的角色"Victor Star"，在水木社区注册了个账户ID，"Vstarloss"。"Loss"是提醒自己不要输的意思。他每周参加三次训练，但几乎每天都要泡在论坛里。队员之间的感情就在训练的汗水和网络的吹水中不断滋养起来。他从未有过这般归属感，兴奋地写道："人生有此经历，老当无憾哉——当然，若能选去爬雪山，就更好了。"

加入社团一个月后，在严冬冬忐忑地递交了登山申请表时，他甚至都念不齐人生中即将攀登的第一座雪山的名字，宁金抗沙。这座海拔7206米、远在西藏的雪山，离他还很遥远。在递交申请的那一天晚上，严冬冬还参加了老队员的攀登报告会。听到社团前辈讲述用冰镐滑坠制动的场景，他又做了一晚上的噩梦。梦里飞雪连天，他发生了滑坠，在用冰镐制动时，镐尖一不小心插进了自己的胸口，顿时鲜血喷涌……在这个梦里，雪山又离他近了些。

6月的一天，严冬冬来到了清华大学37号楼楼顶的社团活动教室。在这间屋子里，所有登山预备队员围成了一圈。这一届登山队的队长朱振欢，依次念出投票选拔的15名正式队员名单。严冬冬成为2002年宁金抗沙登山队的一员。他将要作为第二批前站队员，月底出发去西藏打前站。

清华大学登山队规定，队员在去攀登前，要先征得父母同意，在入队申请书上签字，才能获准参与登山活动。许多往届队员都卡在这一环节。严冬冬跑回家让父母签字。他是家里的独子。母亲是小学老师，不太了解什么是登山。她只是在儿子的言谈间得知这是一件光荣的事情，就同意了。父亲是鞍钢的技术领导，大概听说过爬山会有高原反应。严冬冬用了一句"清华登山队以前那么多届都过来了"，也拿到了父亲的签字。严冬冬开心极了。看到有队友卡在了这一环节，他还炫耀着："我幸福多了呀！"

这一年夏天，清华大学登山队进驻宁金抗沙大本营。攀登开始了。登山队在山里上上下下，反复操练，其间还经历过一次物资被雪崩掩埋。在队友眼中，严冬冬总是冲在前面，永远对登顶充满了渴望，但他的第一次高海拔攀登并不顺利。两周后，队长朱振欢判断冲顶路线有潜在雪崩风险，噙着泪水决定下撤。

登顶失败了，但几周的朝夕相处与几个月来的训练，令每名队员都产生了强烈的归属感和虔诚心。这些刚上大学的年轻人挣脱了高考的束缚，身体里的荷尔蒙高涨。他们急于寻找到一个出口，渴望献身给某个看似更高贵的东西，或是爱情和自由，或是一个集体。也许学生社团内部的凝聚力，不仅恰到好处地稳固了严冬冬高中毕业后内心的失重感，还改变了这名孤僻少年对人与人之间、人与集体之间关系的看法。

"它（社团的凝聚力）很虔诚，就是很多人为了梦想去无私付出的气氛，然后就让你在感动中去做这件事。这种感觉或许难以持久，但在那几年里会非常非常喜欢它。"严冬冬后来说。

在大二开学第一周的招新大会上，严冬冬从新生蜕变成了登过雪山的老队员。他和朱振欢在社团招新的摊位前拉拢往来的清华学子，还亲自撰写了招新的文案：特别适合那些"喜欢浪漫的同学，喜欢晚上躺在帐篷里数星星的同学"。还真有不少人被这句文案吸引过来，成为科考协会的新成员。

严冬冬几乎把大学四年期间的全部精力都投入社团协会中，甚至扔下了专业课，好像大山才是他真正的大学。儿时的好友有一次问他，为什么在清华不学习而去登山。严冬冬说，我在清华最好考过全系第四，我考不到第一了，但是我登山可以是第一。严冬冬到底考没考过全系第四不得而知，但据同班同学回忆，他的专业成绩并不算很好，甚至可以说非常一般。在"生14"的同班同学们看来，这名同学成绩普普通通，穿着却很另类。严冬冬总是穿着社团的西红柿色 T 恤，配上红蓝相间的紧身裤，暴露出肌肉紧绷的大腿。到了大学后期，他还总穿着一双军胶鞋。即便他每天都刮胡子，给人的感觉却也还是邋里邋遢的。

严冬冬的大学室友对此深有感触。在大学宿舍里，学生们都睡在床铺上，铺位上有床垫，床垫上有床褥、床单和被子。严冬冬的床板上只有一条睡袋，还是一条从来都不洗、散发着味道的睡袋。他的脏衣服就堆在地上。他的臭袜子更是在清华都出了名。他的铺位恰好就在宿舍进门右手边第一个。每当有其他寝室的同学进来串门，都能闻到一股浓烈而刺鼻的鸡屎味。

可一旦访客适应了这味道，仔细打量这宿舍，就会发现宿舍阳台上堆满了厚厚的英文书籍，其中以小说居多。在高中的时候，有一天，老师看到严冬冬英语这么好，问他，平时都做什么英文题，不如把他的习题册带到班上让同学们都学习学习。第二天，严冬冬拎着个大麻袋来了。老师和同学们惊讶地看到，麻袋里竟装满了各种英文小说与文学作品。到了清华，严冬冬也仍然热爱英语。他的英文水平在清华也算是佼佼者。在大一新生入学英语测试中，他考进了专门为英语特长生开设的英文辅修班。在班上，他的口语流利得令其他的清华英语天才都心生绝望，就连老师偶尔遇到难题也要请他来解答。在宿舍里，几乎每天晚上，严冬冬都戴上头灯，钻进睡袋，沉浸在《魔戒》《冰与火之歌》《龙与地下城》等英文奇幻小说的世界中。他从天黑一直看到天亮，一夜就能看完一本书。大学室友都以为，这哥们以后一定会吃英语这碗饭。

严冬冬也真的靠英语拿到了人生中的第一笔收入。他先是接了翻译电脑系统说明书的小活儿，熬了一个礼拜，赚了8000块钱。靠翻译赚钱这件事，原来比自己想象的容易得多。他后来又接了《滑雪板》（*Extreme Sports: Snowboard!*）的校译。他认为译者翻译得太烂，从头到尾重新翻译了一遍，变成了第二译者。再后来是独立翻译《城市嬉皮士实地观察指南》（*A Field Guide to Urban Hipster*），可惜这本书没有出版，他也没拿到稿费。在大学四年里，英语一直是严冬冬的挚爱。

挚爱的英语若是严冬冬的第二语言，那么登山就是他的第三语言。四年大学时光里，社团真正能上高海拔攀登的机会相对有限，一年只有一次。队员们要是能在日常训练中接触到攀登器材或绳索操作，就算是比较宝贵的训练机会了。大二上学期，严冬冬参加了中国登山协会主办的技术培训课程。这次培训是由孙斌主讲。孙斌把刚从阿尔卑斯山带回来的最新技术和前沿理念，引入到了培训实践中。当天晚上，严冬冬就和队友研究起了绳结和救援系统。

上过几次培训课后，严冬冬大开眼界，兴奋地发现，原来登山是一件激情澎湃的事情，"不是一大堆人像虫子一样地爬，而是可以两三个人搭档去搞一些看起来很不靠谱的东西"。到了大学后期，严冬冬越来越排斥大学里的专业课，对攀登技术愈加痴迷。登山就像是一张网，捕获住他，一生都无法挣脱。

2

2004年11月的一天清晨，北京的初冬有些寒冷。队员们在清华东门外集合，计划从狼儿峪徒步穿越到阳台山。严冬冬是此次活动的队长。大一新生何浪第一次参加社团活动。何浪此前只看过活跃的"Vstarloss"发在B版上的帖子。他终于见到了传说中的严冬冬。

在昏黄的路灯下，这位社团前辈身材微微胖，谈不上精干，更不像是常年混迹山野的户外发烧友。严冬冬正穿着他那套标志性的红色冲锋衣。红色一直是严冬冬最爱的颜色。他说过，红色是热烈的颜色。他喜欢这种生命在燃烧、跃动的热烈感。在之后几年中，身边的朋友们陆续见到严冬冬穿着红色的T恤、红色的冲锋衣裤，戴着红色的头盔、红色边框的雪镜，裹着红色的羽绒服，背着红色的背包，头戴红色的头巾。在清华大学出版的攀登报告《一步之遥》一书中，严冬冬还被队友们形容为"眉似初春柳叶，脸如三月桃花"。队友们调侃严冬冬很"妩媚"。有时这妩媚是他的羞涩神情，有时这妩媚不过是他常常微低着头、眼神从镜框上方瞥过、一脸坏笑的样子。然而妩媚的严冬冬一张口，却不太招人喜欢。

"第一感觉就是他那种说话风格，有点剑走偏锋，又有点无厘头。"何浪说。这似乎是所有人对严冬冬的共同印象，"他的意见还特别多，特别特别喜欢评论别人。他觉得不爽的，就大加讽刺挖苦。他一直都这样"。

从大二开始，他养成了不吃猪肉的习惯。在山里，他还会精挑细选没有猪肉成分的火腿肠。这并非宗教的原因，也无关家庭。有人问他，为什么这么坚定地不吃猪肉。他在不同的时间点会给出不同的答案。最经典的一则回答是："因为猪是一种懒惰的动物。吃猪肉，人也会变懒。"他有时还会振振有词地给出论据：《本草纲目》有云，其形象至丑陋，一切动物莫劣于此，人若食之恐染其性。其实真正的原因要追溯到2003年。那一年，清华大学学生科考协会更名为"山野协会"。他作为山野协会的科考队员，前往西藏的桑丹康桑峰参与为期三周的科考。后来他在科考日记中记录道：回民餐馆吃过几次之后，就开始不习惯吃猪肉了。

加入社团的三年来，严冬冬已经有过2002年西藏宁金抗沙峰攀登、2003年西藏桑丹康桑峰科考、2004年青海各拉丹冬峰攀登等几次高海拔经验。没人知道他到底逃过多少节课。与在山野中的自由相比，他认为在教室上课"没有任何意义，宁可泡在岩壁下，也不愿意学习"。每个周末，严冬冬都会出现在京郊的山里，参加社团大大小小的活动。他成了山野协会的骨干与核心。

然而户外运动之于严冬冬，只能算是一件喜欢但并不擅长的事情。他的体能平平，身体条件一般。刚加入社团的时候，在5—8公里的长跑训练中，严冬冬只能跟在队伍后面。经过长期不懈的努力，他终于跑进了前几名。这给后来的协会新人与同班同学们营造出一种体能强悍的假象。他的肌肉力量也很弱，引体向上只能做几个，后来才有点进步。或许耐力、速度和力量可以通过后天的努力训练来提高，但严冬冬的先天身体条件，比如协调性与平衡感，却很难在短时间内改变。在下山的路上遇到陡坡，他只能半蹲下来，一点点往下蹭。他的攀岩水平非常普通，苦练数年，迟迟未见进步。沉迷户外的严冬冬体会到身体在山野中的不自由，这与他的热情强烈不对等。也许他一度感到过痛苦，就好像造物主与他开了个玩笑。但这完全不妨碍他对山野的痴狂。

在毕业前夕，清华登山队即将攀登西藏念青唐古拉中央峰（海拔7117米）。这是严冬冬在大学期间第三次，也是最后一次的登山活动了。尽管他对登山愈加狂热，但在每次攀登过程中，总是遇到各种各样的问题，导致最终冲顶失败。还有队友开玩笑说，冬冬与登山八字不合。一个月后，严冬冬即将大学毕业，他十分渴望在离开清华之前，能登顶一次雪山。

如今，他必须要在登山和学业之间做个选择。由于此前严冬冬学业落下太多，校方早在一年前就多次找过他，并下达了最后的警告：如果要拿到清华本科的毕业证，他在大四期间必须努力学习，至少要保证在实验室里做实验，做毕业设计，按时参加毕业答辩。但这些严冬冬都没有参加。为此，班长和辅导员帮他跟系里反复争取宽大处理，但这名沉迷登山的学生却表示，随便你们，清华大学的毕业证对我不重要。

严冬冬并非完全笃定要走登山这条路，他也感到过迷茫。一方面，他越来越痴迷于登山这件事。他多次说过，在过去二十年里，登山所带来的存在感是他从未感受过的。进入实验班、名列前茅无法让他感到生命的热烈。高考状元、清华学子的身份也无法让他感受到存在的价值。唯有登山能让他感受到自己活着。而另一方面，他"不愿放弃对安稳生活的追求或者至少是幻想"。大学四年期间，他陆陆续续在水木社区里接了一些翻译的小活儿。他暂时不想把翻译认作职业，只是告诉自己翻译不过是暂且糊口而已。他看不到前方的路。"在那个时候，国内没有任何人过着几乎有一点点像我当时想要过的那种生活。"严冬冬后来回忆道。

在父亲严树平看来，儿子的清华同班同学，要么是出国读名校，要么是去名企找工作，而他竟然在考虑去登山，简直是不务正业。父亲想要儿子过上按部就班的生活。严冬冬却想过上自由的生活，而且在这份自由里，登山必须是最重要的一部分。

在室友的印象中，到了大学后期，严冬冬与父亲就毕业出路的问题争吵得越来越严重。等到了毕业前夕，父子的争吵几近白热化。有一次，严冬冬对着电话里的父亲怒吼，再逼我，我就断绝父子关系！

毕业前的最后一次登山机会来了。严冬冬任队长，何浪是队员。这是严冬冬大学期间的最后一次攀登，也是最接近顶峰的一次。距念青唐古拉中央峰顶峰还有300米的地方，何浪在一处雪坡上高反严重到呕吐出来，必须要紧急下撤到下方的营地。登山队的队友们说，大家要么一起上，要么一起下。大家等待着队长的最终决定。严冬冬犹豫了一下，对着对讲机说，我们放弃，这个决定完全由我负责。

"如果只是我自己，我一个人，我会冲的，一定会的。"严冬冬后来在登山日记中写道，"我也知道，协会的登山不是一个人的登山，我们的队伍不能够承受这样的风险。"

何浪后来回忆道，这是严冬冬经历的第四座雪山，所有人都明白四次都没到顶是什么滋味，也是从那时候起，他开始敬重严冬冬。

从念青唐古拉山下来后，清华大学的毕业季也结束了。严冬冬拿到了清华大学的毕业证，却失去了本科学位证。按照清华大学的毕业程序，由于严冬冬没有参加毕业答辩，他的清华大学本科学位证，自动转成了专科。严冬冬觉得无所谓。他不准备从事跟生物专业相关的任何工作。这或许也刺激了严冬冬把登山作为人生志业的想法。他人生的最高理想很简单：自由地攀登 —— 想去登山的时候，就可以自由地去登山。

在中国，对于大多数心怀理想的青年来说，自由都不是一件简单的事情。在实践自由意志的同时，他们还必须要摆脱外力的束缚：不用为了生计，或是基本的生存而忧愁烦恼；不被传统的家庭观念绑架；不被困在日常生活的琐事之中。此外，就攀登而言，登山者还必须要努力习得更高的攀登技艺，解除技术、地形带来的受限感，从而实现身体与心灵上的双重自由。

为了实现这看似简单、实则困难的自由，严冬冬必须专注在攀登事业上，努力成为一名半职业运动员。从念青唐古拉山回来后，他立下了为期五年的"独身主义计划"：在未来五年内都不会谈恋爱。在高中时期，严冬冬也曾情窦初开过，还给女生写过情书。在大学期间，严冬冬也曾对山野协会里的女孩暗生情愫。现在，严冬冬认为这种情愫会严重影响他对登山的专注。他要活得像个僧侣一般，在登山的修行之路上忠诚不渝。

即便是僧侣也要吃饭的。严冬冬最后还是老老实实地找了一份工作，在山东泰安的一家户外店做店长。这份工作只坚持了一个半月。之后，他又回到北京，在一家英语报社实习，每周上三天班。这是严冬冬这辈子唯一一次坐班经历。在这12天里，他每天度日如年。"每周三天已经很受不了了，倒不是说它的精神内涵如何，是这种形式太可怕了，我不能接受这种形式。"严冬冬说。

严冬冬辞去了工作，没有了稳定的收入来源。他搬到了清华大学14号楼的东楼楼顶，准备长住在这间山野协会的活动室。这是一栋建于20世纪80年代的老旧学生公寓。从一层到六层，层层都有学生寝室、盥洗室和公共活动室。只有山野协会的队员才会顺着回字形走廊爬到神秘的第七层楼。顶楼只有一间屋子，里面摆放着各种装备。山野协会在这里定期开会。这是队员们的专属天地。严冬冬并没有独占这间活动室太久，很快就被赶出去了。

严冬冬又和队友在清华西门外，合租了一间小平房。许多毕业后无处可去的清华学生，会在这片农民自盖的平房里暂住下来。平房内没有暖气，他们只能自己在屋里烧煤取暖。在北京的寒冬，偶尔房间缝隙里吹来一丝漏风，都能入骨三分。好在严冬冬的食堂饭卡还能用。在食堂的经济窗口，打一个菜4毛，米饭5毛，这样一顿饭可以控制在1块钱以内。他把伙食不可思议地降低到了每个月30元的极限 —— 这个数字在何浪看来，是绝不可能实现的。幸运的话，他在犄角旮旯里抠出遗落的硬币，就仿佛中了头奖似的，可以去买个煎饼吃了，这样还能再挺个好几天。那是严冬冬最饥寒的一段时期。唯有在买装备的时候，他从来不手软，甚至豪气到购买几千元的冰爪和冰镐时，连价签都不看。

即便是在这样的饥寒条件下，毕业后的严冬冬还是会定期参加山野协会的训练。这名不定期出现的落魄学长，逐渐成为协会新生口中的传说。在他毕业后的这个冬天，严冬冬一整个月都泡在京郊的冰壁上训练攀冰。大学登山社团的技术训练大多比较基础。接触攀登四年来，这还是他头一次多段结组爬冰瀑，尝试更高级的攀冰技术操作。严冬冬和队友完攀了京郊的大冰壁天仙瀑。他初尝到了掌控攀登节奏的乐趣。那天下来以后，在吃饭的时候，严冬冬兴奋地对何浪等人说，这是我们第一次真正意义上的攀登，以往的都不算。

严冬冬毕业离校后，何浪成为山野协会的骨干和领袖。来年夏天，新一届的清华大学登山队即将攀登四川的雀儿山（海拔6168米），何浪被任命为登山队长。严冬冬以技术指导的身份归队，参与到这次雀儿山的攀登中。清华大学登山队历史上还从未有过这样的例子。

作为登山队的前站队员，严冬冬提前一个月去了四川。雀儿山前两年刚被刃脊探险公司开发成一座热门的商业山峰。每到夏秋季节，全国各地的商业登山公司会带领上百名登山爱好者攀登这座雪山。严冬冬却想尝试独自攀登雀儿山。等到了海拔5100米的冰川地带，他望着沟壑纵横的冰裂缝，幽深得透着一股寒气，如血盆大口般恣意张扬。他怂了。

严冬冬从雀儿山回到成都。为了省钱，他找了一家最便宜的旅馆住下。在成都的这段时间，他拜会了当时声名显赫的刃脊探险公司。严冬冬把自己私藏的一张雀儿山1：50000比例尺地图，赠给了刃脊探险的创始人马一桦。马一桦十分珍惜这张图。几年后，在严冬冬最需要的时候，马一桦恰好用另一张地图帮助了他。

一个月后，何浪率领清华登山队与严冬冬在成都会合。大家看到这名学长寄居的小旅馆，破旧得连窗户都没有，都很心疼他是怎么熬过来的。严冬冬和大部队重返雀儿山。在雀儿山最美好的攀登季节，山路明显好走了很多。有了登山队的支持，这次严冬冬信心十足。他们在营地里唱着队歌《白鸽》，再蹚冰河，穿裂缝，过雪桥，爬冰壁。严冬冬依然冲在队伍的最前面。

在冲顶那一天，他望到前方雀儿山的顶峰拨云而出，万分激动。这种激动一直持续到他站在顶峰的那一刻。这是他第五次攀登，却是他第一次登顶。严冬冬曾经以为，只要真心热爱攀登这件事，登不登顶其实并不是那么重要。但当他站在雾蒙蒙的山顶的这一刻，一切都改变了。

严冬冬依旧穿着一整套红色的冲锋衣裤，说话时总时不时露出两排洁白的牙齿。他动情地说:"原先曾经有人这么说,登顶之后不过是一坨石头,一堆雪而已,觉得没什么。但我觉得有什么。"

经历过更完整的登山体验的洗礼,严冬冬的攀登欲望更强了。从雀儿山回来后,严冬冬继续蜗居在清华西门外的小平房里,过着穷困潦倒的日子。他时而跟着山野协会训练,时而接一些翻译的活儿。有些书没有出版,便没有稿费和收入。有些书即便出版了,出版社也不按期支付稿酬。严冬冬随着出版社打钱的周期,饥一阵饱一阵。

2006年下半年的一天,严冬冬得知,国家体育总局登山运动管理中心,正计划招募一批大学生参与奥运珠峰火炬接力的活动。负责招募的罗申教练从多所高校中选拔预备队员。据说,只要是拿到推荐信,并且有过高海拔攀登经验,入选火炬队的可能性就很大。

严冬冬得知这一消息之后,想方设法从清华校方争取推荐信。究其缘由,与其说他多渴望攀登珠峰,不如说在吃喝住不愁的集训队伍里,他暂时不用再担心自己的生计问题了。此外,他还有个小心思,如果有机会登顶珠峰,或许还能"指望靠这个活动的社会影响,为自己赚点资本"。严冬冬最终鬼使神差地弄到了清华校团委的推荐信,顺利入选火炬集训队。

2006年11月12日,从七所大学选拔出的18名大学生预备队员——未来的珠峰火炬手——来到北京怀柔国家登山训练基地报到。这18名学生中,有17名汉族队员,1名土家族队员。那名土家族队员将是严冬冬未来的黄金搭档,周鹏。

3

2004年秋天，周鹏刚走进中国农业大学的校园时，发现学校里竟然有个登山社团。社团平时组织学生去香山徒步，假期去爬雪山。周鹏心里纳闷，他们都已经千辛万苦考到农大了，为什么还要上山遭罪？

在周鹏的记忆中，登雪山的大学社团只有北大山鹰社。两年前，北大山鹰社在世界第14高峰希夏邦马峰的西峰遭遇雪崩，五名学生遇难。山难的新闻轰动全国，一度成为新闻联播等各大主流媒体的黑色头条。当时周鹏还在读高中。自那以后，只要对这则山难略有耳闻的人，都下意识地认为：登山，特别是登雪山，是一项会出人命的活动。

如果只是平时爬爬山，应该还挺有意思。周鹏从小在湖北恩施的小山村里长大，皮肤黝黑，肌肉饱满而有力，浑身散发着朴实与真诚。他的父亲是小学老师，母亲是农民。自高中住校以后，周鹏的生活一直比较独立。就连高考填志愿，父母也没怎么过问。当面临报名登山社团的艰难选择时，他难得地打电话咨询父亲，这个登山社团能不能加入。父亲说，你觉得想参加就参加。

周鹏加入了登山社团，同时还加入了农大的学生会。在刚刚过去的这个暑假，登山社团里的两名学生登顶了新疆的慕士塔格峰。校园的食堂边上拉着一个大条幅：热烈庆祝中国农业大学学生苏子霞、阿叁登顶7500米高峰。此时，农大的登山社团刚成立不到一年，还在初创期。周鹏在对登山一点都没概念的情况下，讲着浓重的湖北乡音，意外竟选上了外联部部长。

　　周鹏刚加入社团没多久，就参加了一场振奋人心的分享会。2004年11月，刃脊探险公司的马一桦、曾山（Jon Otto）与民间登山高手陈骏池、康华等人，登顶了四川四姑娘山主峰幺妹峰。这是国人第一次登顶这座高难度的技术型山峰，成为当年中国登山界的重磅事件。12月8日，北京极度体验户外俱乐部举办了一场幺妹峰分享会。马一桦、曾山、康华等人在现场讲述他们围攻幺妹峰的惊险故事，感染着每一位听众。"那个时候觉得讲得很精彩，这个线路很难、很牛×，"周鹏回忆道，"现在回想起来，当时我只是以为自己听得懂，其实完全无法领会他们到底在讲什么。"

　　周鹏的第一次高海拔攀登很快到来，农大登山社团筹备起五一期间攀登四姑娘山二峰的活动。临行前，周鹏的体检结果显示，他的白细胞超出正常水平，被团委的指导老师踢出了队伍。两个月后，周鹏才登顶了人生中的第一座雪山，西藏的启孜峰（海拔6206米）。几次活动之后，周鹏逐渐成为社团里的活跃分子。他扔下了地理信息系的专业课，也退出了校学生会。

　　这一年，周鹏作为社团的外联部部长，应邀参加清华大学山野协会的念青唐古拉中央峰报告会。周鹏听说这届清华大学登山队队长叫严冬冬。但严冬冬真正给周鹏留下深刻印象的，反而是不久后农大启孜峰的报告会。这次轮到严冬冬代表清华山野协会参加农大的登山报告会。外联部部长周鹏派出一名队员去接待各校代表，带他们去吃麦当劳。这名队员回来后大为震撼，对周鹏说，来了个叫严冬冬的哥们，吃东西真可怕，也不看旁边的人，拿着汉堡咣咣咣就吃了。

那是严冬冬最饥寒的一段时期，虽然周鹏后来认为这跟严冬冬当时饿不饿没有关系。"他就是这个（狼吞虎咽的）风格，他根本不会管旁边的人是谁，坐了20人还是30人，"周鹏说，"他喜欢吃的东西，他喜欢做的事情，他就会第一时间去弄，不会在意别人是什么样，也不会考虑别人还需不需要吃。"

到了大二下学期的暑假，周鹏随农大登山社团尝试攀登世界第6高峰卓奥友峰（海拔8201米）。在2006年的这次攀登中，他只到达海拔7200米的高度。周鹏发现，自己的体能极限高度是海拔7000米。在7000米海拔以下，他的体能还不错，但到了7000米以上，他就像变了个人。尽管他没有登顶，但对于当时国内的在校大学生来说，能有机会攀登雪山，并且还是8000米级别的雪山，这种经历也极为罕见了。周鹏刚从卓奥友峰下山不到一个月，身体还未恢复，就参加了珠峰火炬接力的预备队员选拔。

对于周鹏来说，加入火炬队是一个重大的人生决定。这意味着在大三、大四期间，他都无法正常在校学习。这也意味着，他未来几年的身份可能不再是一名高等院校的优秀毕业生，而是较为专业的登山运动员。他慎重地做出了决定。经过了10公里长跑（女生8公里）、跳绳、攀岩、绳降等考核，再考量对社团的贡献与数次高海拔攀登经验，最终周鹏、黄春贵等四名农大学生入选18人火炬队的预备队伍。

18名大学生在北京怀柔登山基地报到后，开始了日复一日的单调训练。在怀柔，队员们每天训练五个小时：半小时的早操，两小时的上午训练，两个半小时的下午训练。冬天，队员们被拉到吉林的北大湖，在雪地练习负重行军。之后，他们又被拉到北京密云的桃源仙谷练习攀冰。就连除夕之夜，大家也在一起吃年夜饭。

随着训练量的骤然增加，队员们的饭量也猛增。训练了一周后，教练让队员们监测体重，队员们吃了一惊。来自清华大学的严冬冬，竟然在一周的时间里，体重暴增了11斤。坚持不吃猪肉、说话风格还有点奇怪的严冬冬，在队伍里更显得另类。这名清华学生总是怼教练，说话时还喜欢跟人抬杠。周鹏说，严冬冬最狠的就是，无论对方说什么，他总用一句话把你怼死。"他并不是跟你过意不去。他就是觉得这个事办得不对，你这个话有问题。他怼的是这个事实。所以你也不会觉得他针对你，"周鹏说，"但你有时就觉得他妈的挺讨厌的啊。"

话虽如此，唯有周鹏才能发现严冬冬其实为人淳良，而且还很勤奋。严冬冬明知自己身体条件远不如人，平时训练更加刻苦。周鹏渐渐观察到，在严冬冬"怼人"的坚硬外壳中，内心还藏着些许软弱。严冬冬与人针锋相对的时候，大都是基于一些知识性的问题。可一旦受人欺负，他甚至都不太还击。严冬冬的性格与其说是内向，更像是一种自卑：出版社拖欠稿费，严冬冬不敢催款；初逢生人，也不好意思跟人交流；但一旦混熟了之后，他的话又多得不得了。

在火炬队刚组建的头半年里，大学生火炬队的全体队员、西藏登山学校的藏族队员，以及奥运火炬珠峰项目组的所有工作人员，都在筹备着一个重大的项目：2007年5月的火炬接力珠峰传递测试。这次测试活动有三层目的：测试在珠峰顶峰的极限环境中，奥运火炬能否点燃；测试中央电视台的直播能否同步完成；进一步选拔2008年登顶珠峰的正式队员。

2007年3月，18名大学生队员与西藏登山学校的队员在拉萨集合，混编到一起，开始磨合适应。几周后，近百人的大队伍浩浩荡荡地从拉萨出发，开往珠峰北坡大本营。两天后，全体队伍抵达海拔5100米的珠峰大本营。队员们开始适应海拔，修建营地，运输物资。不上山的时候，队员们要学习操作奥运火炬与火种灯。火箭科学家参与设计了火种灯，要保证奥运火炬在极寒、缺氧、大风中也能点燃，并且在恶劣天气中奥运火炬的火焰还能被人们看到。

众人在大本营忙忙碌碌的时候，珠峰的山体静静地矗立在队员们的视线里。站在5000多米海拔的地方，眺望8844米的世界最高峰，顶峰看起来近在咫尺。近3800米的垂直高度，竟给人一种屏住一口气就能爬上去的错觉。只有真正向珠峰脚下的绒布冰川跋涉时，他们才会意识到在地球上最雄伟的山体面前，这种错觉有多荒谬。

在珠峰大本营的时候，严冬冬再次遇到了大学期间给他们做培训的孙斌教练。一年前，孙斌刚从中登协培训部调到北京奥组委珠峰传递组，负责策划与执行奥运火炬接力项目。孙斌把一本在登协时经常翻看的英文登山书籍也带到了珠峰大本营，又把这本书介绍给严冬冬。

严冬冬彻夜看完这本 *Extreme Alpinism* 后，异常兴奋。他被书中字里行间流露出的激情，甚至有些极端的态度深深吸引着。书中所提倡的大部分登山理论，在国内登山界几乎闻所未闻。于是，孙斌和严冬冬一拍即合，决定把这本书引进到国内。严冬冬先翻译完全书，孙斌再来做校译。他们把这本书命名为《极限登山》。

4

无论是作为中登协的教练、奥组委珠峰传递组的负责人，还是作为一名雄心勃勃的登山者，孙斌都渴望登顶珠峰。他已经随珠峰传递测试的队伍，适应到了8300米的海拔，离世界最高峰的顶峰只有500多米了。2007年5月9日，火炬接力珠峰传递测试任务成功。早上8点14分，由突击组和高山摄像组组成的17名队员，站在了世界最高峰的顶峰。

17名登顶队员中没有孙斌。他没有获得冲顶珠峰的批准。珠峰传递测试活动结束后，第二天，大部队开始陆陆续续撤出营地。孙斌的工作结束了，但他没有随队离开。与珠峰传递测试同期，另有一支商业登山队伍驻守在珠峰大本营。这支"中国珠峰业余登山队"是西藏圣山探险公司负责的商业登山活动。这支队伍还配备了七名圣山探险公司的高山向导，以及八名尼泊尔的夏尔巴协作，只为了保证七名中国登山客户成功登顶。

为了再伺机攀登珠峰，孙斌索性赖在了这支队伍里，"在那儿找了个帐篷住，每天蹭吃蹭喝"。这个策略并不管用。圣山探险的教练对孙斌蹭吃蹭喝的行为有些不满。西藏登山协会不敢擅自批准他随队攀登珠峰，他们还需要奥组委的上级批文。

从2006年开始，孙斌就投身于珠峰奥运火炬的项目。作为奥组委火炬接力中心珠峰传递组的组长，他不仅要负责策划珠峰顶峰的火炬传递方案，做中间的协调，对接赞助商，还要负责新闻宣传和媒体运行工作。孙斌本以为，既然他忙前忙后付出了一年多的时间，待工作结束后，趁此机会利用几天的时间间隙攀登一下珠峰，领导应该会批准。他跟领导解释说，他只需要七天的假期时间，就七天。孙斌还是被拒绝了。

"当时我的工作已经结束了，这个时候攀登珠峰实际上是我自己的个人愿望，"孙斌说，"我当时极其愤怒。"

这名29岁的年轻人，动用了自己的全部社会资源。他从奥组委火炬接力中心，一路找到奥组委副主席，再到奥组委主席的好友，他一次次被拒。眼看圣山探险的队伍就要出发去5800米的过渡营地了，孙斌心急如焚。在吃晚饭的时候，国家登山队队长王勇峰对孙斌说，明天有个车会拉你下山，你走吧。孙斌绝望了。

在孙斌看来，珠峰不仅是海拔8844米的世界最高峰，更代表着中国社会的普遍认可。回望2003年，那些第一批登顶过珠峰的民间登山者，如陈骏池和王石，有了登顶珠峰的光环之后，都成了家喻户晓的

"登山家"，还在人民大会堂被授予了国家颁发的体育运动荣誉奖章。"在一个公众社会的评价体系中，你爬过什么呀，我跟人说我爬过好多次慕士塔格峰，九次玉珠峰，都没用，人都不知道这是什么东西，"孙斌说，"我希望得到大家的认可。"在2000年代的中国，攀登珠峰是极少数专业运动员与精英阶层的身份象征。登顶珠峰必然会带来社会意义上的资本与尊严。这资本既可以帮助孙斌实现阶层跃迁，也可以实现他多年以前的愿望。

孙斌小时候的愿望是成为化学家。他从小在浙江临安的小山村长大，父母都是农民。小时候，孙斌挑着重担，做农活、放牛、种地。种地的化肥是氮磷钾肥料。于是，孙斌就想拥有更多的氮、更多的化肥。他对化学产生了兴趣。他在化学方面下过苦功，拿到了省化学竞赛的第一名。在高中的实验班里，他的学习成绩也排在前面，最终考上了北京大学化学系。

1996年，孙斌从浙江的小山村来到北京，朝着他梦想中"充满智慧、充满理性的化学家"的目标而努力。然而，他不再是中学时期的天之骄子了。在班级里，他每天发奋学习只能冲到班上20名左右，而天天睡懒觉的同学比他学得更好。在宿舍里，五名室友都是奥林匹克化学竞赛的国家队队员，其中还有两名拿到了俄罗斯举办的世界奥林匹克化学竞赛金牌。巨大的落差和挫败感冲击着刚上大一的孙斌。他在一年内就对化学彻底失去了兴趣。他开始沉湎于游戏，同时也思考着更深刻的人生命题。

有一天，孙斌偶然路过北大校园里的三角地，看到北大山鹰社正在招新。他被一张照片吸引住了。孙斌后来回忆起那神圣的一刻："照片中裂缝密布，而在裂缝与裂缝之间站着一个登山者，与背后巨大而布满裂缝的冰川相比，人类渺小到如同沧海一粟，这样的对比似乎隐隐地诉说着一些由来已久的东西，潜意识中一个声音告诉我 —— 这里，也许有我苦苦追寻的东西。"

孙斌加入山鹰社后，接触到了攀岩运动。攀岩和化学不同，他不用太多努力，就可以成为北大最好的攀岩者。他把所有的青春时光都用在了攀岩上。他每天早上8点在岩壁下与队员集合，一直爬到天黑，连续爬五天。周末，他还要参加山鹰社的户外拉练。一年后，他拿下了全国攀岩锦标赛的速度赛亚军，之后又拿到了全国攀冰比赛的冠军。他成了山鹰社的攀岩队队长，还跟随山鹰社一起攀登雪山。山鹰社成了他大学生活的全部。然而等到了毕业的时候，他发现曾经热爱过的化学专业课挂了三科，还挂了两科政治课。尽管一阵恶补后他拿到了毕业证，却失去了北大的学位。

此后，这名险些肄业的北大毕业生牢牢把握住了人生中的每一次机会。在2000年怀柔登山队基地的一次活动中，孙斌遇到了后来的恩师马欣祥。马欣祥是中登协的培训部部长。人们都叫他马博士（中国地质大学古生物学博士），与他熟悉的后辈们都叫他马哥。自20世纪80年代起，马博士就先后参与过多次国家级喜马拉雅式攀登活动。这名和蔼的中年大叔真正为人称道的并非攀登经验，而是其渊博的登山知识、理论与历史。因此，当人们称他为马博士的时候，多半是尊敬他在登山知识上的博学。恰逢中国登山协会正在吸纳新鲜的年轻力量，孙斌应邀加入了登协的培训部，住进了北京怀柔登山基地。他与刚从中国地质大学毕业的次落，成了马欣祥的得力干将。

孙斌在登协的主要工作是开展培训，并协助马欣祥编写登山培训教材。这是一项等同于填补空白的工作。2000年初，中国民间登山刚刚起步。大学登山社团与户外俱乐部的攀登技术非常有限，且结构失衡、理论粗糙。而国家官方体系的登山理论知识，也因历史原因大多承袭自苏联，陈旧而死板。孙斌回忆，当时一期攀冰培训课程，因为缺乏足够的内容填充，只能培训两天，到了后来，才逐渐扩充到12天。

加入登协两年后，孙斌获得了一个宝贵的机会:代表中国登山协会，前往现代登山运动的起源地阿尔卑斯山，接受了7个星期的培训。在近两个月里，孙斌头一次感受到了阿式攀登的风格与乐趣。与大规模作战、步步为营的喜马拉雅式攀登不同，阿式攀登的特点在于轻装快速。往往是两到三人组成的小团队，自主攀登一条颇有技术难度的登山路线。每个人在团队中的地位都是平等的。每个人都对自己负责。它更接近登山的原始形态，也更加自由。孙斌在阿尔卑斯山接受了阿式攀登的洗礼。他形容就像打开了一个新的世界，有种脱胎换骨的感觉。

后来看到马欣祥从美国带回来的 *Extreme Alpinism*，孙斌一口气读完，竟有种一见如故的感觉。他在霞穆尼培训时感受到的阿尔卑斯精神，在书中体现得淋漓尽致，"之前向往和追求的很多东西，都在书中用更直接、更明确、更极端的方式表达了出来"。孙斌总结那是他进步最快的阶段。

这一年，孙斌还前往美国参加了科罗拉多救援大会。在大会的开幕式上，主持人在回顾全美户外救援的历史时，提及一位美国救援事业上的重要开拓者。在场的200多人纷纷起立、鼓掌，一位白发老人颤颤巍巍地站了起来，所有人依次来到他的身前，献上一枝玫瑰。从那天起，孙斌就渴望像这名白发老人一样，做一家登山学校，受人尊重，一直到老。

回到怀柔登山基地之后，孙斌又回到了那种单调乏味的工作状态中。平时，他要么在编教材，要么就在做培训。他偶尔也进城给清华、北大的大学生社团做技术培训，把自己学到的登山技术与理念，系统地教授给他们。每年春节，孙斌都在距市中心70公里的怀柔度过。大年三十上午完成一次培训后，马欣祥往往会带着培训部的教练们，在怀柔找一家饭馆吃年夜饭，再回到基地看春晚，打打麻将，喝点小酒。初一休息。到了初二，又要开始准备新一年的培训了。如此周而复始，他在怀柔度过了五年。

到了2004年，孙斌必须面临一个选择：要么是继续跟随马欣祥博士，留在怀柔的培训部，要么是跟随王勇峰队长，加入高山探险部，回到北京市区办公。孙斌纠结了很久，他想留在老师身边，但又不想驻守在郊区，逐渐与这个社会脱节。马欣祥与孙斌、次落也深谈了一次。他说，从中国登山培训事业的发展角度讲，我希望你们留在怀柔，但从个人发展角度讲，我希望你们跟着王队长回北京市区。

孙斌和次落跟随了王队长。他们的办公室搬到了天坛东门附近的中国登山协会。在高山探险部，同事次落步步高升，而孙斌却遭遇了人生中的第一次登山事故。在西藏启孜峰带队攀登期间，孙斌的一名队员因突发严重的高反，在下撤途中意外猝死。当时孙斌脑子里一片空白。"怀着无法面对的自责和痛苦，开始处理善后的事情，要去面对家人，最后还要面对自己内心的质询，于是，接下来的一年于我是黑色的。"孙斌写道。他形容自己就像被打入冷宫一样。他坐在办公室里，开始给《山野》杂志撰稿，发表了大量的登山科普文章。

一年后，孙斌终于获得了一次他梦寐以求的做登山培训机构的机会：协助筹备组建中国登山高级人才培训班（CMDI：China Mountaineering Development Institute）。这是中登协和户外品牌奥索卡（OZARK GEAR）共同发起的合作项目，旨在培养中国的青年登山人才。孙斌已经做好了所有的案头工作，也与奥索卡开了几次会。直到有一天，孙斌突然被李致新主席叫到了办公室。孙斌被告知，他被借调到了奥组委。孙斌先是一脸茫然，然后开始抗拒这个委任。他更想回去做培训。李致新说，你先回去再想想吧。孙斌回去以后，冷静地想了想。朋友开导他，这是个更加宏大的事件，很多人一辈子能碰到这样的机会不多。孙斌听从了朋友的建议，参与了这个改变他一生的大型活动。

这名29岁的年轻人来到了奥组委，成为火炬接力项目的负责人之一。他还在工作组里遇到了未来的妻子。2007年在珠峰大本营，他碰见了培训过的大学生严冬冬。之后，孙斌回到了奥组委当中，而严冬冬则回到了大学生的队伍中。

珠峰火炬测试对于孙斌是工作，但对于大学生登山队来说，则是淘汰测试。那些到达营地速度过慢，或是未到达的队员都一一被记录下来。珠峰火炬测试之后，18名大学生登山队员淘汰至11人，队员们都开始感受到了紧张的气氛。

就在珠峰火炬测试的同一时期，西藏圣山探险公司的一部分队员协助这场国家级的政治活动，另一部分队员则作为向导参与"业余珠峰登山队"的商业登山队伍。在2000年代，有资本参加珠峰北坡商业登山活动的登山客户，大多是国内的企业家与商界精英。王秋杨就是这支商业登山队伍中的一名登山客。作为今典集团的执行总裁、苹果公益基金会的创始人，她同时也是一名登顶过欧、非最高峰，徒步过南北极点的狂热户外爱好者。几年前，王秋杨的今典集团号称投资近亿元，与中国登山协会共同创立了极度体验户外探险运动有限公司。

当绝望中的孙斌，找到了中国登山协会最密切的合作伙伴王秋杨，也终于看见了登顶珠峰的曙光。王秋杨答应帮孙斌问一问。很快，孙斌就得到了批准：明天可以随队出发。2007年5月24日上午，孙斌登顶了世界最高峰。

5

在珠峰火炬测试活动期间，17名登顶的队员中不仅没有孙斌，也没有任何一名大学生队员。测试活动结束后，11名学生队员被遣散回家，要求回校继续学习。火炬队安排了人均2000元的机票预算，让学生们飞回到各自的所在地。但这些学生为了表达自己的态度，决定把机票退掉，换成300多元的硬座，一路从拉萨坐硬座火车回家。他们根本没打算再回来。

这11名学生心情复杂。他们原本以为，层层筛选过后，终将有机会参与这一宏大的社会事件，并登顶世界最高峰。登顶，或至少获得登顶的机会，是支撑他们参加这次活动的唯一动力。但如果用两年的青春与学业，换来的只是无望冲顶珠峰的空头支票，便是一件既委屈愤怒，又深感无力的事情。

严冬冬回到了清华大学14号楼楼顶的山野协会活动室，搭了个帐篷，蜗居在这里。这样就可以节省下房租了。这之后，严冬冬又参加了两次山野协会的攀登活动。他都没有登顶。在不登山的时候，他就专心翻译。他几乎把附近的一家嘉和一品快餐厅当成了自己的食堂。在店里吃碗6元的皮蛋瘦肉粥后，他就拿出笔记本做翻译。他的翻译稿酬是千字40元，并不算高，稿酬发得也不及时。好在他的翻译效率极高，翻译的收入也能勉强养活自己。

早在火炬队刚开始集训的时候，严冬冬就接了一本书的翻译，可惜还是没有出版。他又接了一本《猫头鹰的叫声》（Hoot），这次终于出版了。这是严冬冬独立翻译并出版的第一本书。之后这一年，他又陆续翻译了《心宽一寸，病退一丈》《水是最好的药III》《身体自愈的秘密》《这书能让你戒烟》等健康类书籍。有一天，他在嘉和一品连续工作24小时，一口气翻译2.8万字。这个效率对于专业译者来说，也是个惊人的数字。他后来一直追求这种亢奋投入的翻译状态。

这一年秋天，距正式珠峰火炬接力任务还有半年多的时间。让学生们颇感意外的是，中登协似乎没有计较几个月前的退机票抗议事件，不仅再次集结学生队员训练，每个月还发放1500元的补助。2007年9月22日，选拔后的9名大学生队员，与22名藏族队员在北京怀柔登山基地报到，组成了"北京奥运火炬接力珠峰传递登山队"。31人的队伍被分成三组。严冬冬是第一组的队员，周鹏任组长，中登协教练次落是这一组的执行教练。这一次，严冬冬和周鹏被分在了同一间标间宿舍。

火炬队集结完毕，准军事化的"超体能训练"开始了：10—12公里长跑，台阶跑，越野跑，短跑，俯卧撑，蹲起，仰卧起坐，跳绳，引体向上，双臂屈伸，悬垂举腿，卧推，以及足球、篮球等对抗性训练。每天晚上疲惫地回到宿舍后，严冬冬还要继续做翻译。他先是受人之托，把一本记录国人攀登七大洲最高峰的图书《危险的脚步》翻译成英文，之后他再把饱含激情的《极限登山》（*Extreme Alpinism*）翻译成中文。严冬冬又进入了那种亢奋的翻译状态中。他还把室友周鹏一起拉进来。严冬冬每润色完一章节，就把译好的文字通过 QQ 发给周鹏。周鹏在电脑那头接收后立马查看，两个人一起阅读一起嗨。

《极限登山》（*Extreme Alpinism*）中提到的"轻装快速"攀登理念，二人闻所未闻。每天晚上，他们都会短暂地进入到那种热血澎湃的状态：谈论各自的登山理想，探讨户外论坛上的登山帖子，交流攀登中的具体技术，畅想两个人未来能否也在雪山上实践书中的理念。

至于严冬冬的臭袜子，周鹏似乎并不太介意。但室友的邋遢还是让周鹏叹为观止。"我是属于平均水平的邋遢程度，他是属于超级邋遢的程度。"周鹏说。严冬冬总是把衣服、裤子、袜子、电脑全部乱摊在床上，被套和被单丢在房间的角落里。晚上睡觉的时候，严冬冬随手掀起能盖的被子（或被套）铺在身上。到了早上6点的早操时间，严冬冬又叫苦连天。虽然他平时训练异常刻苦，但由于晚上熬夜工作的模式，严冬冬认为"早操就是反人类"。

队员们从北京的秋天一直操练到寒冬。冬天，队员们被拉到云南昆明，在长虫山进行为期7周的负重、攀登、耐力专项训练。来年2月，火炬队被拉到西藏拉萨适应海拔：上午，他们在海拔3700米的西藏体工队田径场长跑10公里；下午，队员们轻装爬上拉萨城北一座海拔4000多米的小山。

在拉萨每天5小时训练之余，严冬冬正以每天2.2万字的速度翻译《黄金罗盘》。菲利普·普尔曼的"黑暗物质"三部曲中的《黄金罗盘》（*The Golden Compass*）是风靡全球的奇幻小说，也是严冬冬非常喜爱的一部书。他觉得这本书的中译本质量实在糟糕，索性在没有授权和邀约的情况下，纯粹为了兴趣而自发翻译。他把自己翻译的《黄金罗盘》译本视为付出心血最多也最得意的一部译作。

在3月的最后一天，奥运火炬接力珠峰传递登山队终于进驻了珠峰大本营，立即参与到艰苦的运输与操练当中。在同一时期，大学生登山队的最后一重选拔正式开始。队伍里一时人心惶惶。9名大学生登山队员中，只有3位才有机会冲顶。其中要数严冬冬的表现最为亮眼。他第一次来到海拔6500米的前进营地，只休息了一天，就和周鹏各背负两顶沉重的高山帐，用三个半小时运到了7028米的一号营地 —— 无论是负重量还是速度，都远超出其他队员，甚至不逊于藏族队员。他还在一天之内，背着三瓶氧气，与藏族队员一起从6500米一路运输到海拔7790米的二号营地，又在极端的狂风中，熬了一整夜。即便是在这样的高强度拉练中，他还利用一切时间翻译"黑暗物质"系列的第二本《精微匕首》（*The Subtle Knife*）。

火炬队反复操练了半个月后，学生队伍的攀登节奏缓慢下来。4月的一天，严冬冬和周鹏已经在前进营地驻守了十来天。在日复一日的单调拉练中，二人丝毫感觉不到攀登的激情，也隐隐感觉到自己未必会被选进冲顶的队伍中。严冬冬写道：集训只有单调的体能训练，几乎完全没有攀爬与技术训练；训练方法陈旧而不够科学；集训队里弥漫着功利性的竞争气氛；攀登中的关键决定完全要看领导的脸色……我觉得窒息，我想要的是真正的、自由的攀登，不是这些东西。

《极限登山》所倡导的阿式攀登理念是自由，是灵活应变，是每个人只对自己负责，这几乎与珠峰上的喜马拉雅式攀登风格背道而驰。在珠峰火炬传递的活动中，每名队员都要严格听从攀登队长、总队长、总指挥的命令。这无比接近于军事化的战斗。与阿式攀登相比，喜马拉雅式攀登体现的是另一重组织艺术：行军布阵的艺术，把握好天气窗口的艺术，人与人之间沟通的艺术，把一个个螺丝钉与螺母调试完备从而组装出一套强大系统的艺术。这跟登山有关，但又与登山的本质无关。

两名年轻攀登者所感受到的"窒息"反而让他们更渴望呼吸自由的

空气。"他们不让你爬，限制你的攀登欲望，就会让你特别想爬，"严冬冬说，"原本我就很想爬，但被憋了一年半之后，就真的特别想爬。"

严冬冬和周鹏在小帐篷里约定好，等火炬队解散之后，他们俩要用书中倡导的理念，自由地攀登半脊峰、玄武峰、雪隆包、雪宝顶、雀儿山、田海子、博格达峰七座山峰。他们的登山组合就叫"自由之魂"。

什么是自由？什么是登山的自由？严冬冬后来在《登山的自由》一文中写道：

"有谁不渴望自由呢？登山的人尤其如此：远离尘嚣的羁绊，在广阔雄浑的山间让生命力恣意飞扬，这样的向往，应该说是驱使我们中许多人开始投身登山的动力源泉之一吧。自由是登山者能够追求的终极目标。自由就是随心所欲。在登山这方面，理想程度的自由，应该是随便任何一座山、任何一条路线，在任何时间以任何方式都可以攀爬……"

然而，在自由之魂刚刚成立的那一刻，任他们的心灵恣意飞扬，他们的身体却被桎梏在那顶不足两平方米的小帐篷里，渴望着被赐予冲顶珠峰的机会。

在严冬冬和周鹏畅想未来的时候，5月4日一早，奥运火炬被秘密运输到了海拔6500米的前进营地。出于安全考虑，一周前中登协就已对外宣布，奥运火炬早已被运上珠峰。这天晚上，中国国家登山队队长王勇峰、总教练罗申、西藏登山学校校长尼玛次仁，把所有队员召集起来。他们在奥运火炬旁，宣布了正式冲顶的队员名单。严冬冬、周鹏二人都没有在这份名单里。周鹏被安排在了7790米的二号营地，而严冬冬被安排在了接应组，留在8300米的突击营地。在那一刻，巨大的失落感压在严冬冬心头，"仿佛千斤重担一般，比背包上的包更压得我喘不过气来"。

火炬队冲顶珠峰前一天，严冬冬随接应组抵达了8300米的营地。第二天，世界瞩目的珠峰火炬接力活动就要上演了。这一天，除了在营地好好休息、等待接应冲顶队员之外，严冬冬再没有其他任务。下午，严冬冬在适应海拔的同时，溜达到了王勇峰队长的帐篷处，想着再碰碰运气。他刚走到帐篷门口，只见王队长正朝他招手。凑近以后，王勇峰对他说，你明天跟罗教练一起上吧。严冬冬怀疑自己听错了。王队长又补充道，一切顺利的话，你们可以一起登顶。

与此同时，次落、阿旺扎西、罗布占堆、小扎西次仁、严冬冬等五名冲顶珠峰的火炬手的名字，被写在了珠峰大本营帐篷外的石头上。严冬冬心中的石头也落了地。明日冲顶珠峰的安排已确凿无疑。在那一刻，站在世界之巅，成了严冬冬当下最大的愿望。

严冬冬即将冲顶珠峰的消息传回了母校。清华大学的官网发布了这一还未发生的喜讯。尽管清华大学没有给这名逃课大王授予本科学位，但这丝毫不妨碍严冬冬即将成为"清华登顶珠峰第一人"。整个清华大学都轰动了。严冬冬的同班同学们纷纷奔走相告，分享着这份骄傲。那些见证过严冬冬曾为了登山而穷困潦倒、靠翻译度日的朋友们也激动不已，以为他终于要熬出头了。

5月8日凌晨1点30分，8300米营地。严冬冬没有吃东西，只喝了一小杯水，戴上头灯，扣好氧气面罩，和罗申教练在满天繁星中出发了。他的背包里装着热水、相机，几乎有一辆自行车那么沉重的三瓶氧气。其中两瓶留给自己，一瓶留给教练备用。在黑暗中，头灯只能照亮眼前几米的路。他们沿着山脊走了五六个小时，直到头灯照亮了眼前的金属梯子。一架六七米长的梯子，自1975年中国登山队攀登珠峰时起就斜放在陡峭的岩壁上。他们来到了珠峰第二台阶处著名的"中国梯"。

通过冲顶路上的最大难点之后，他们继续跋涉。二人的速度并不快，时而会被后出发的队员们超过。严冬冬越走越疲劳，手脚冻得发麻。他们经过了第三台阶。远处的天际线被一丝光亮刺破，划开的口子逐渐照亮整片天空。繁星隐去，东方渐白，通往顶峰的最后100米雪坡就在脚下。坡度越来越缓。十步，五步，三步，两步，一步……珠峰火炬手严冬冬站在了世界之巅。他没有自己想象的那般兴奋，而是出奇地平静：哦，终于到了。

6

2008年5月8日，从早上6点起，中央电视台综合频道、新闻频道等主流媒体全程直播珠峰冲顶的画面。全国有1.2亿观众坐在电视机前观看奥运火炬登顶珠峰。全世界共有133个国家、297家电视机构在同步转播。对于奥组委和中登协来说，登顶珠峰、全程直播、点燃火炬，三个目标缺一不可。他们刚刚完成了第一个。

早上9点10分，在距珠峰顶峰30米的位置，西藏登山学校的27岁藏族小伙子罗布占堆手持着点火棒。他顺利点燃了第一棒火炬手吉吉手中的奥运火炬。这名北京体育大学的藏族女学生，沿着路绳缓缓走了十几步之后，把火种传给第二棒火炬手王勇峰。中国国家登山队队长手持着火炬，走到第三棒火炬手尼玛次仁身边。西藏登山学校校长点燃了手中的火炬，用并不太标准的英语喊道"One World, One Dream"，之后便大步流星地走到第四棒火炬手黄春贵身旁。这名中国农业大学的学生、未来极度体验公司的掌门人，点燃了火炬，走向几步之外的次仁旺姆。第五棒火炬手、西藏登山学校的22岁姑娘次仁旺姆站在世界之巅，和身边14名穿着红色连体羽绒服的火炬手高呼着"扎西德勒"。

之后，奥运火炬在这14名队员的手中轮流传递着。每一名裹得严严实实的火炬手接到火炬后，都激动地发表一段感言。坐在电视机前的观众，即便是严冬冬的父母和好友，如果不仔细辨认，也许很难认出电视画面里站在最后一排左边第二位、戴着红框雪镜的火炬手就是严冬冬。严冬冬已经在寒风和雪雾中等候多时，脚趾都冻僵了。目睹着点燃的珠峰火炬离自己越来越近，意识到自己竟然参与了这么宏大的事件，本来毫无波澜的心情也开始激动起来。

"我的心里是那种想放声欢呼、想挥泪如雨的激动，"他后来写道，"当然我不能放声欢呼，因为还戴着氧气面罩。我也不能挥泪如雨，在那样的低温低压和大风中，泪水会马上把脸颊冻成冰坨。"

仪式结束后，火炬队员陆续下撤。严冬冬的体力有些透支，下撤的路显得格外漫长。他咬牙坚持回到了8300米的营地。在营地喝了将近一升的热果珍后，他的体力基本恢复了。他摘掉了氧气面罩，继续下撤到7790米的二号营地，然后是7028米的一号营地。他在这里遇到了来接应的周鹏。周鹏抢着把严冬冬的羽绒服、冰爪、空氧气瓶拿过去，塞进自己的背包里。严冬冬浑身轻松。晚上8点，太阳已经落山了。他们在黑夜里继续下撤。从雪地到冰川，再到碎石路，每下降一些海拔，呼吸就顺畅了一些，也更温暖了一点。晚上10点半，他们终于回到了熟悉的6500米前进营地。跋涉了21个小时后，严冬冬终于坐在了温暖的帐篷里，早上冲顶的经历恍如隔世。

严冬冬登顶珠峰的消息传遍了清华校园。清华听涛园食堂门口，五名男生拉着一条红色的横幅：热烈庆祝清华登山队严冬冬执火炬成功登顶珠峰。巨大的横幅吸引了路过的清华学生纷纷侧目驻足，并在上面签下自己的名字。消息也传到了严冬冬的家乡辽宁鞍山。鞍山当地的《千山晚报》采访遍了严冬冬的高中老师、小学同学、家里的亲戚，还有父亲严树平。

在过去几年里，爷俩吵了很多次，现在依然闹得很僵。父亲依旧非常不理解，清华毕业的儿子为什么就不能找一份安稳的工作。春节回家时，严冬冬跟父亲提起过参加珠峰火炬接力的事情，并没有透露更多的细节。火炬队正式冲顶时，严树平每天给儿子拨打几通电话，每次都显示对方已关机。他只好上网查询、跟踪火炬队的进度。如今，当严树平看到儿子作为火炬手登顶珠峰，也感受到了这种荣耀。他骄傲地对《千山晚报》的记者说起儿子的翻译事业。至于严冬冬现在的工作，这篇对严父的专访中写道："他开始找了一份在山东某生物科技公司研发的工作，一年后回到北京公司总部，每个月6000多元的工资除了必要的花销外，全都花在登山上。"

火炬队解散后，自由之魂的"七峰连登"计划暂时搁浅。周鹏回到农大继续完成学业。严冬冬回到鞍山，如衣锦还乡般受到母校和媒体的接待。念高中时，他一度被老师和同学们奉为神，私下里却被当作神经病。如今，他在鞍山一中做演讲，手捧一束又一束的鲜花，登上报纸头条。他的童年趣事演变成传奇，再次成为整座城市的骄傲。回到北京后，严冬冬和登顶珠峰的火炬队队员们，在人民大会堂接受了国家颁发的体育运动荣誉奖章。在接受媒体采访时，严冬冬谈到自己的登山目标，他说要完成地球上全部14座8000米以上的山峰的登顶。珠峰只是一个开始。

到了夏天，珠峰的光环渐渐褪去。严冬冬又回到了原来的生活当中。他和大学室友马伟伟在北京上地地铁站附近的小平房合租。30平方米的单间，月租金400元。严冬冬似乎很容易地接受了这种落差，没有太多抱怨。他立即恢复了往日的工作状态。

他接了《三杯茶》的校译，并着手实践他独创的"24×7÷6"工作理论。他彻底打乱、重组了人类自古以来的昼夜习惯。为了将工作效率最大化，严冬冬把一周7天、每天24小时的总时长，平分成6天，把一天的时间"延长"到了28小时。在他看来，这样他每天就可以多工作4个小时了。那段时间，严冬冬每天傍晚6点，准时去清华大学南门的避风塘快餐厅，翻译一通宵之后，早上回到合租房里睡几个小时，中午再起床开始新的一天。严冬冬的翻译资源越来越广。他的稿酬很快就涨到了千字55元。那一年，他一共翻译了七本书，将近100万字。他还额外拿到了登顶珠峰的三万元奖励。这是一笔巨款。他熬过了人生中最饥寒的那段时光。

严冬冬终于迎来了人生中的第一次自由攀登。只不过他的搭档不是周鹏，而是两位熟识的山友。准确地说，这也不算是一次严肃的攀登，而是去青海岗什卡雪峰登山滑雪：攀登上这座馒头形的山峰，再滑雪下来。严冬冬不会滑雪，只能跟在两个老朋友后面，看着他们滑雪下山，十分羡慕。他还一个人去爬了四川贡嘎山域的田海子山（海拔6070米）。这是他第二次尝试独攀一座山峰。在山脚下，村民对他说，山上有狼。严冬冬胆子很小，一路担惊受怕，最后止步于海拔5200米的地方。

多年以后当严冬冬回顾这两次独攀时，认为没登顶是再正常不过的事情。他当时的登山技术与理念都不算成熟。但是他很享受独自在山里的时光。他喜欢那种孤独感。孤独会放大登山的生命体验，而这种深刻的体验，让严冬冬深深地为之着迷。

"我追求的是什么？是你在跟暴露感、恐惧感、孤独感这些东西打交道的过程中得到的，在其他形式上不那么容易得到的体验，"严冬冬说，"那种暴露感还是很爽的。包括有时候去 solo 一些冰也是。那个时候会感觉自己活着。就是很真切的生命力的那种感觉。"

在周鹏缺席的几个月里，何浪是严冬冬的最佳搭档。何浪从清华毕业后，又去北大读了研究生。何浪和严冬冬两个人一起徒步穿越了小五台，一起去香山骑山地车。他们还一起报名了北京越野三项赛。严冬冬骑车，何浪跑步，最后两个人再一起漂流。严冬冬告诉何浪，他和周鹏组成了自由之魂的登山组合。严冬冬和何浪的双人组就也沿用了"The Free Spirits"的名字参赛。两个人漂流完浑身湿透，在秋高气爽的季节里，手拉手跑过比赛最后的100米。

周鹏从农大毕业后，终于也加入进来。周鹏、严冬冬和马伟伟三人在上地东里租了一套两室带阁楼的房子，66平方米，月租金2500元。要不是三个人平摊房租，他们谁都租不起这么贵的房子。马伟伟和周鹏各睡一间房，楼顶上的阁楼归严冬冬。有幸参观过这间阁楼的朋友都很吃惊：要踩在凳子上，才能翻上阁楼；阁楼里，人都站不起来，只能猫着腰，就好像是火车的中层卧铺；在狭小的空间里，各种杂物散落一地；房间里依旧没有床上用品，一条睡袋就解决了严冬冬的全套起居。

自由之魂组合已经成立半年了，然而严冬冬和周鹏还没有尝试过一起搭档攀登。到了年底，严冬冬和周鹏终于按捺不住攀登的欲望，带上登山装备，坐着硬座火车去了成都。他们住在了武侯祠对面的梦之旅青年旅舍。他们还跑去了四川省登山协会，打听四川都有哪些有点技术难度的山峰可以爬一爬。川登协工作人员在地图上指了指四姑娘山山域内一座海拔5592米的未登峰。四姑娘山是国内登山氛围最浓厚的山域。四姑娘山主峰幺妹峰更是国内殿堂级的技术型山峰，目前仅有一次国人登顶记录。此前，严冬冬从来只闻四姑娘山的大名，却没去过这一带。周鹏也只是在大学期间来过一次。如果这两名小伙子当时真去爬了这座5592米的未登峰 —— 野人峰，又名色尔登普峰 —— 也只能铩羽而归，更不会再有之后的命运际会了。

12月7日那天，严冬冬和周鹏正在武侯祠大街上闲逛，还去了青年旅舍隔壁的中山户外店买气罐。中山户外店老板唐超问二人，你们来四川爬哪座山？

严冬冬脱口而出，我们想爬幺妹峰。

周鹏在一旁愣住了，心想，冬冬你个大嘴巴，我们他妈哪有这个能力，根本就没计划爬幺妹啊，我们不是计划爬个半脊峰，再去那个未登峰看看的。

老板唐超接过话说，爬幺妹峰，我给你们介绍个人，他正好也要爬幺妹峰。

巧的是，唐超说的这位也住在隔壁的青年旅舍。更巧的是，几分钟之后，这名登山者也推门走了进来。就这样，严冬冬和周鹏碰见了李红学。来自两个时代的自由攀登者在这里相遇了。

逃走的人（节选）

就像离群的羊，他们离开大路，

走向了自己的小路。

我决定去见这些人，近距离观察他们。

我想知道，出走后，他们是不是真的

得到了期许中的自由。

—— 李颖迪

隐居吧

我关注这个群体已经有三年了：隐居者、避世者、躺平的人、逃走的人、躲起来的人，我试着找一个称谓概括他们，但每个词都不算准确。

左杰是我在"隐居吧"里遇见的其中一个人。最早是在2021年，我偶然关注到了"隐居吧"，百度的一个论坛。在隐居吧，最早的帖子发表在2005年，成员昵称为"隐士"，男性偏多，年龄主要在二十岁到五十岁。这是个相当活跃的网络社区，共有六十六万人关注，七百万条帖子，分享着各种形态的隐居生活：在山野上，在桥洞下，以及在路上。初看上去，隐士们的行动多少带点浪漫色彩，符合我对"采菊东篱下，悠然见南山"的古典想象，也贴合了流浪、避世这些更现代的精神图景。

当时我在一家杂志社工作，做过几年报道，关注社会新闻，观察当代人的生活方式。有一阵子，我相当痴迷隐居吧里的帖子。有人在此推荐隐居的去处，也有人详细记录了自己的隐居生活。当然，也不乏房产中介和骗子混迹其中。

有人为了寻找合适的海边隐居地，研究了中国的洋流规律，最后选择在山东省的乳山银滩买房隐居：

> 我隐居的地方是一个叫作乳山的小城市，大家口中的那个鬼城。2018年买了一个一百平左右的宅子，二手的，一楼，有花园的那种。有朋友要问了，"你一个××，洋流跟你有啥关系？你也不捕鱼？"海大概可以分为黄水与蓝水，黄水的地方水丑且浑，滩涂淤泥多。蓝水的地方礁石多，沙滩沙质粗。比如青岛的海滩，多是粗沙，大连的海滩多是颗粒状，海岸线都多礁石分布。大城市，大连、青岛、威海，好的海滩地块开发度都高，像我这种城市废柴是没有机会的，就算有也是倾尽所有……最后我就选择了乳山。

这个人自己搭建了放杂物的仓房，仓房外装上太阳能电池板，做光伏发电系统，还打造了一座温室。

还有人觉得世界马上要开战，而像安徽淮南这样矿产枯竭、已经被大众遗忘的城市，将是未来最安全的地方。他以房子为中心探索附近废弃的矿区，寻找水源，取样带回，检测重金属含量。不仅如此，他在家中打造了一个储存仓库，放了六百个罐头、三十箱铁皮装压缩饼干、二十箱矿泉水、一桶油、二十五包盐、三瓶酱油、两瓶醋、八包大米。储物架上还放着各类抗生素和维生素。在卧室门后，他放了两把野猪矛、一把铁锹，床下还有一袋化肥，如果到了紧急的时刻，这些都是他的武器：矛和铁锹用来防身和突围，化肥用来提纯硝做炸药。

贴吧里，很多内容连载几年了，配了图片。我坐在工位读这些故事，常常忍俊不禁。当时我在北京的金台夕照地铁站附近上班，CBD高楼林立，外立面闪着光。每到饭点，打扮精致、身着西服的人们鱼贯而出，挤满餐厅，吃一份绿叶子沙拉。街上是成排的共享单车，黄色的蓝色的，总是早晨整齐，到下午就倒成一片。不远处的新城国际小区象征着一种更为遥远的生活：双语国际幼儿园门口的长队，在草地上奔跑的外国小孩和边牧，卖碱水面包圈和肉桂苹果卷的面包店飘来香气。夜晚，无数个小小的格子间亮起灯，人行走在高楼的缝隙中，犹如置身海底，有时大雾弥漫，身旁则是飘浮着的光晕。

每次下班，我经过这所有的场景，随后来到金台夕照地铁站坐十号线——这是北京最拥挤的一条地铁线路，每天都有一百多万人被塞进狭窄的列车里。如果碰到晚高峰——通常是下午6点左右，天还没黑，我从门口开始排队，长长的队伍要折上好几个来回。进了地铁站，继续排队过安检，进入闸口再排队。运气好的话，等两趟就能挤上车了。站在屏蔽门前，我有时会想起一则旧闻：正是在晚高峰，一个女人在惠新西街南口站上车，却意外卡在屏蔽门和车门之间，列车启动后，她被夹着带走，随后掉下站台。我因想象中的恐惧放慢脚步，却被一股无形的力 —— 后面的人流推上来。最终，我平安地挤进了车厢，寻找到一个角落。乘客们低着头，看着手机。因为站得太近，有时不得不窥看到他人的手机屏幕，短视频、玄幻小说、小红书……

那段时间，我的通勤乐趣就是看隐居吧。起初我爱看那些隐居日记，地铁信号不好，加载慢，我想象着隐居者在淮南的储物架，乳山空无一人的海滩，山路上颠簸的小车，音响里的都柏林乐队。到远方去。上路吧。无论如何，这些人在建设自己的生活。我明白这个贴吧为什么有人爱看了，它提供的是故事，也是寄托。在眼前这个如地铁般快速、如晚高峰车厢般拥挤、人人都要费力找到一块立足之地的时代，谁不会被那种将自己抛向无人之地的幻想吸引呢 —— 原野，山峰，河流，还有一间自己一个人独占的房子。

在北京，我和朋友吃着饭，聊到房子。

朋友在南三环跟人合租，室友之间的了解就是租房软件上的介绍：性别 / 职业 / 星座。房子是两居，各自有密码锁。公共空间各享一半：

冰箱三层，从第二层的中间隔开，上下一人一半。厕所里，牙刷、牙膏、手纸也保持距离。输密码，回房间，两个合租的人像两个影子进入各自的洞穴里。他们离得如此之近而又毫无联系。隔着墙，互相听见对方拿快递、上厕所，偶尔在厨房看见对方来不及收拾的碗筷。两年里，他们几乎没说过话。

"有时候真想离开北京啊。"朋友说。

那天我们吃饭排队接近一小时。坐在街边等位时，天光变暗，梧桐快落叶了。身后的餐馆人声鼎沸。看着大众点评上的套餐、优惠券、秒杀，我们接着聊起乏善可陈的工作，兴致寥寥。

谈论工作的意义似乎早就过时了，太热情了甚至显得傻。"工作就是工作。"这才是正确的态度。我们说起工作，说的是绩效和 KPI，不是它的乐趣、意义和自我实现。当时仍在新冠流行期间，它更加剧了某种困顿感和停滞感。但我们其实也害怕真的停下 —— 离开既定轨道，比如辞职了，之后还能找到下一份工作吗？就这样迟疑着，踌躇着，不满意想走，想走又不敢走。明明还"年轻"，按照教科书上的说法，这不应该正是踌躇满志的时候吗？

我聊起了隐居吧。"这些人说走就走了。"就像离群的羊，离开大路，走向了自己的小路。
我决定去见这些人，近距离观察他们。

我想知道，出走后，他们是不是真的得到了期许中的自由。

*　　　*　　　*

也是在那段时间，我读到了美国人奈特的故事。奈特常年游荡在美国缅因州中部的树丛里，独自生活，没有地址，不和任何人接触。秋天他在营地囤积食物，冬天躲进帐篷，忍受缅因刺骨的寒风，直到冬雪融化。他这样生活了将近三十年，直到一次因偷盗被捕。

奈特的新闻在美国引起震动，人们很难相信有一个人致力于完全隔离自己。他被称作"北塘隐士"。记者迈克·芬克尔给奈特写信，去监狱中探访，后来写成《林中的陌生人》一书——

> 对于奈特来说，最美好的寂静来自夏末热浪来袭的星期三，那时几乎所有的度假屋都空无一人……夜深人静，他离开营地，一直步行，直到林子突然在眼前消失，湖水在他面前荡漾。他脱掉衣服，滑入水中。离水面最近的几英寸水，被太阳炙烤了一天，几乎跟洗澡水一样暖和。"我在水里舒展身体，"他说，"仰天平躺，望着那些星星。"

隐士到底是什么人呢？在书里，迈克·芬克尔将历史上的隐士分为三类：抗议者、朝圣者和研究者。

抗议者弃世，主要因为他们憎恶现实世界。朝圣者，即宗教隐居者，是人数最多的一个群体，总是试图走向精神觉醒，比如坐在菩提树下冥想的乔达摩·悉达多。研究者则是最现代的隐士，他们寻求独处，是为了找寻艺术的自由、科学的洞见或更深入地了解自我。许多作家、画家、哲学家都被归为这类隐士。比如作家塞林格，成名之后，为了躲避关注和喧嚣，他离开纽约市中心，搬到四百公里外一个宁静小镇上，从此深居简出。在中国历史上，陶渊明正是隐士的完美形象。

美国作家比尔·波特于20世纪80年代来到中国的终南山，想厘清经过一个世纪的革命和动荡后，中国还有没有隐士。波特的确遇见了一些信仰佛教和道教的出家人，他们在深山里度过了一生，衣食节俭，住茅屋，自行垦荒。后来波特写了《空谷幽兰》一书，引发了近二十年来中国人去终南山隐居的热潮。这些人不认同城市里的高压竞争，希望通过隐居来寻求内心的自由。

很长一段时间，隐居吧似乎将"在终南山上"这样田园牧歌式的生活奉为理想。在隐居吧的一些用户看来，隐居就是前往深山，有一个院子，几亩田地，远离城市的喧嚣，追寻精神的独立和自由。

就像前往河背山的左杰所说，"我向往这样的生活"。

但是，当我在隐居吧中逛得越多，我觉察到，"隐居"二字的含义越来越复杂。2019 年或更早，隐居吧出现了一些年轻人，他们选择隐居，并非为某种宗教信仰或修行，动机只与现实密切相关：背井离乡，前往遥远的城市，买一套便宜的房子，不工作，蛰居在家，以极低的成本生活，又能享受到城镇生活的便利，比如水、电、网、暖气、物流。就像这样一种典型的声音——

"我就打算去鹤岗花三四万买套房，然后靠剩下的钱过了。"

鹤岗，这座城市首先引起了隐居吧里人们的关注。

2022 年，中国城市的房子往往每平方米一万元上下——在北京，这个数字是四万（海淀、朝阳等地甚至每平方米九万），上海、深圳也差不多——在城市买房，往往意味着贷款，动辄几百万。年轻人买房等于交出人生的主动权：未来几十年运转于一场数字游戏般的任务，上班，赚钱，还房贷。但向往城市，就不得不挤上这条令人望而生畏的漫长轨道。

而在黑龙江鹤岗，房价低至三百五十元每平方米，一套四十六平方米的住房总价只需一万六千元。

很快就有人行动了起来。海员李海在"隐居吧"和"流浪吧"中发帖记载了他前往鹤岗买房的故事，随后引起大量媒体关注：

> "我定下了一套七十七平的房，在六层顶楼，我立刻就签了合同，加上中介费、过户费，总共五万八搞定。我是做海员的，海上半年，休息半年，到哪儿都一样，最重要是有个安定地方。……这几个月我就在鹤岗躺尸。等到12月，我就出去找船，再工作半年，以后就打算夏天回鹤岗住，年底冬天出去干活。"（《流浪到鹤岗，我五万块买了套房》，正午故事，2019年11月4日）

隐居吧里的人发掘出更多相似的城市，内蒙古的伊图里河，辽宁的抚顺、阜新，山西长治，河南鹤壁，安徽淮南，云南个旧。这些城市多为重工业起家，曾重度依赖矿产，资源枯竭后，某些地段房价持续下跌，以至于三四万元买一套两室一厅成了事实。在贴吧里，最早一批去这些城市买房的人互称"老哥"。现实生活中，他们是海员、保安、流水线上的工人、建筑工、厨师、发电站的看门人、给仓库搬货的人，大多是体力劳动者。鹤岗、鹤壁、淮南、个旧成了他们口中的"流浪老哥基地"。

《隐居计划》

本人今年二十一岁，在激光切割厂里开机，工资在五千五百元左右，打算一个月存五千，存够三十个（万）就回家躺。

《在广州租了个一千的房子，熬到过年再说》

工作这几年什么都没留下，只留了一身病。晚上无法睡觉，早上不想上班。身体红灯到极限。一直想逃离这样的生活，一直逃不出来。三十五岁，单身，城市老光棍，不结婚不交女朋友。等父母不在就回农村生活养老。真心不想在城市打工生活了。

《我也是半隐居状态》

二十八岁，在宁波慈溪这边当保安，每个月四千元工资，每天上班玩手机，下班就睡觉，已经持续一年。我才二十八岁，为什么就想要隐居呢？也许是我没文化，又内卷不过别人。又不愿意去工地出卖体力。还不愿意进厂。流水线跟坐牢一样。×××
×。无所谓了。不考虑结婚生孩子了，这种事情要让有能力的人去生，像我这种人，说难听点是废物，不能给国家创造价值的社会渣滓，就不要浪费社会资源了。

关于鹤岗买房的报道已经是网上的热搜话题。我想不如避开热点，先去个冷门的地方看看。我最初的兴趣地是河南鹤壁。在隐居吧，人们这样讨论鹤壁 —— 有人说，鹤壁山城区的房子也只要三万多，还不像鹤岗那么寒冷。也有人说，鹤壁在京广线上，高铁去北京两个半小时，去郑州四十多分钟，去珠三角、长三角都有车，在所有隐居地中，交通方便，进可攻，退可守。"如果在鹤壁隐居，你上午口袋没钱，下午就可以去首都送外卖了。"

有人建了一个去鹤壁买房的微信群，一百多人，都是隐居吧的常客。有人昵称就是"攒钱去鹤壁买房"。已经入住鹤壁的人在这里分享生活：怎么骑哈啰单车，怎么坐免费的公交，有饭店老板娘自己做的送饭小程序，鹤壁冬天经常断网，最好办个随身 Wi-Fi；暖气也必须提前办好，如果中途外出打工，最好提前停暖。经常有人将街上张贴的卖房广告拍下来发在群里。

除此之外，另外一个热门话题仍是赚钱。

有人会劝新来者去江苏而非河南的工厂，最好去"大厂"。否则，"小厂"的长白班都是一天十四小时起步。

有人分享了自己在郑州一家食品厂逃跑的经历。"我是第一次进厂。"他说得很详细，中介说每天只干九小时，活儿不重，他盘算起码能干三个月。他被分到前端面房，用机器把面切成六七斤的面坯，再推到醒发库。早上7点30分进车间，10点停机吃饭，10点40分再开机，做到下午4点，最后花半个小时清洁机器。第二天，下午下班，他决定不干了。

他在群里打出很长一段话：

"再干就废了。不是身体废了，而是思想。我觉得进入车间后，你只是颗螺丝，机器转，你也转，一刻不停。你没有言语，没有交流，没有休息，就是麻木地、无感情地跟着机器走。你稍停下就赶不上速度，主任班长立马过来监督呵斥，你只能不断地加快速度。下班后，吃了饭，走在灯红酒绿、车来车往的马路上，你也只是匆匆而过，你不会去商场闲转，不会去衣服店问价，不会进网吧打游戏，唯一的目标是那张床。唯一的消遣就是打开手机，刷一小时，入睡，然后再起床，洗洗，吃饭，进车间。"

有人劝他去工地。也有人对他的讲述不感兴趣。他的事情可能在大家眼里不算什么特别。

"换个话题吧。"有人说。

人们谈论着进入工厂和离开工厂，谈论着烟花厂、食品厂、服装厂、塑料厂、电子厂、娃娃厂，谈论着比亚迪、宁德时代、富士康。打螺丝，包装纸盒，钉牛仔裤的扣子，看管车床，做"小黄人"玩具，合上iPhone 13的手机后盖。

*　　*　　*

王浩就在鹤壁买房群里，他也是隐居吧的一员。王浩三十四岁，一米七的个子，戴黑框眼镜，小眼睛，驼背，说话小声，给人一种退缩感，但谈到富士康，他有很多话要说。

这座超级工厂承担了苹果手机七成的生产任务，而它的四十四座中国园区，又以郑州园区为主力。2020年，郑州富士康全年出口总额三百一十六亿美元，是中国最大的出口贸易公司。王浩的工作地是郑州富士康航空港厂区，简称港区。港区占地五百六十万平方米，相当于七百个足球场大。来到此地的人第一眼看到的是堪称浩瀚的人潮 —— 最多同时有二十万人在这里上下班。庞大和渺小，这是富士康给王浩最直接的感受。

通常是在早上6点，王浩就从宿舍出发，站在富士康门口排队了。港区外，道路两侧的人步履匆匆，大部分都穿着白T恤，看着似乎都一样。他就走在这样的人流里。

厂房是栋白色的四层建筑，天花板上有一道道条形的白炽灯，入口是一面庞大的灰色格子储物箱。他换上衣服，进入流水线，岗位职责是给数控机床放料。他把这道工序讲得很详细：流程不难，那个机器是盒装样子的，里面有转盘和十来把圆锥形的铣刀，机器是数码操控的，他一般会搬来两斤重的金属块，让机器铣料。一块料用完再续一块。管子不断流出乳白色的切削液。味道很冲，戴着口罩也能闻到。最后用气枪冲洗雾化后的切削液。

一般来说，王浩上白班，上午8点到下午5点。但他必须主动把自己的时间投进这无止无休的机器。大多数时候他都在加班。"如果不加班，谁来富士康啊？"说到这时是带点玩笑的语气。

苹果发布新品时是王浩和同事最忙的时候。政策要求工人每周休息一天，但工厂有钻空子的办法。不打卡，线长手动记录工时，系统里显示休息，但生产线仍在运转。到了下班，停工音乐响起，工人停下来，生产线却在停歇后再次启动。所有人默认回到线上。在流水线，一个环节没完成，产品就无法抵达下一个环节。这是属于富士康的"休息方式"。上厕所通常给五分钟，王浩会躲在厕所里放空一会儿。

饭后，工人坐在走廊，刷手机，闲聊，躺着睡觉，都是一脸疲劳。每个人都要消磨到最后一刻，才愿意进厂房继续上班，几乎每日如此。

2010年，深圳富士康"十三连跳"。此后，郑州富士康厂区的窗外也装上了绳网。所有窗户封死，不锈钢通风管道呼呼作响。厂房二十四小时不熄灯，通宵照明。那段时间，王浩的时间感模糊了。他常常恍惚，分不清白天还是黑夜，也看不出晴天、阴天和雨天。

有时他觉得自己进入了一种恍惚状态，对外界的感知似乎在走向失控。他怕这样待下去精神就会出问题。

如果身体全然透支，人还能维持健康的精神吗？

似乎毫无可能。但时间久了，他似乎又放任自己接受这种下坠感。

这时，王浩在富士康已经待到第三年。他出生于河南中牟，老家的人种玉米小麦，那里是丘陵地形，没有河流，很少降雨。父亲下煤矿多年，有尘肺。母亲种地。王浩有两个哥哥和一个姐姐。他度过了平淡的青年时期，读农业大专，选了园林技术专业。他说其实什么都没学会。当富士康在新郑和中牟交界处落成新厂时，二十三岁的他很自然地坐上公交，去参加面试：

> 站成一排。
> 做几个深蹲。
> 伸直胳膊。
> 握几下拳头。
> 再抓几下拳头。
> 短袖遮不住的地方不能有文身、烟疤。

通过检查，王浩进入富士康，三年过去，他手上的物件变成iPhone 4，iPhone 4s，iPhone 5。不过工资倒没变，还是得看加班时间。他背出一个公式："一个月扣除星期六、星期日，正常的工作日按照21.75天来算，底薪是1850元，除以21.75，再除以8小时。我的一个小时就是10块钱（10.6321839元）。"

头两年，王浩觉得，只要勤奋啦，努力啦，按部就班啦，像其他人说的那样，自己就能一步一步往上走。第三年，王浩当了线长。再往上——假如顺利的话，他可以当上个组长、科长什么的，更体面轻松，挣钱更多。不过很快他就明白了，线长是"夹心"，下面要管人，上面要拉关系，请组长喝酒、给组长送礼、帮组长代打卡，还有"义务加班"。你见过那种场景吗？科长和组长站在前面，线长站在后面，忍耐，听着。这种场景上演过许多次。

"他们骂什么？"

"我没法说，真的，我说不出来。"那是一些他没法转述的肮脏话。

两种选择：继续忍耐，或是等待希望渺茫的升职。

做线长一年后，王浩辞职了。离开富士康后，他和恋爱五年的女友分手。理由既现实也简单：他出不起郑州房子的首付。后来他再没谈过恋爱。他花了很长时间消化在富士康这三年，开始打零工度日，四处游荡，去了宁夏、河南的工地放电线，也在新疆照看过红枣地。这七八年，每攒一笔钱他就休息，一年选两个地方旅游。有时他也回富士康做临时工，组装苹果手机的屏幕和后盖。

"以前的人，有希望，有盼头，但是现在，你知道不管再怎么努力，也没有好的发展，你难免就不再想奋斗了。"他说。他觉得他的生活就这样了。

直到看到日本 NHK 电视台拍摄的《三和大神》纪录片，王浩似乎看见了一个新世界。"我的天哪，居然还有人过这种生活吗？我感觉我够颓废了，可他们竟然会去露宿街头。我再没有钱都会找个宾馆，不可能去外边待一晚上。"

然后，他在手机上看到"花五万元去鹤岗买房"的新闻，随后入群。他看到了隐居吧，最终看到了鹤壁。他向富士康请假五天，从郑州坐高铁到了鹤壁，最快的一班，三十一分钟。他跟着中介看了一天房。快到傍晚，他想到只是请假，还着急回去上班，就匆匆订下一套房子。五万块，六十平方米。两个月后他辞掉工作，来鹤壁装修了房子：灰色纹路的木地板，灰色瓷砖，深蓝色窗帘，海尔冰箱，五十五英寸液晶电视机，一张两米宽双人床，乳胶枕，还找人做了一床羽绒的被子，花了一千多。他第一次花这么多钱买被子。

装修完了，他什么也不干，凌晨睡觉，下午起床，一天吃一顿饭，去楼下菜市场买一瓶啤酒和几个小菜。醒来就打开电视，有时看电视剧，有时画画。他报了一个线上美术班，学素描、水彩、油画。还有拼图。他向我展示了那些拼图。宇宙、池塘、猫，把上千个碎片拼好。拼图时他什么也不想。

在一张拼图上，一个男孩骑着自行车，背对着世界，身后是辽阔的宇宙。

＊　　　＊　　　＊

直到这时，我仍然是站在一个遥远的地方观察这种生活。也因此，我和这些隐居者交流时经常遇到一些相似的回复：就聊到这里吧；谢谢你的关心，但我不想说；我的生活你也看到了，只是想做什么就做什么。还有 —— 来隐居的人不正是因为有个不想谈论的过去吗？

诸如此类。我很快意识到，约隐居者见上两三面也许不难，但想有更多接触就容易碰壁。这也不难理解。如果乐于社交，他和她为什么还要躲起来？我渐渐明白，想探寻这个话题就得克服这些难题 —— 如果想要弄清楚这些人性格和生活的细微之处，想找到他们离群索居的理由，就必须试着让他们更多袒露自己。这是个矛盾。

2021年7月，酷暑，我从北京坐高铁出发，两个半小时就到了鹤壁东站，比想象中近得多。到站是晚上9点，出租车穿过高铁站所在的淇滨新区，窗外是万达商业广场，也有标识着"阿里云""京东鹤壁"的科技园区。夜晚，霓虹灯牌上标语亮眼，"生态、活力、幸福之城"，是熟悉的城市景观。出租车司机三十岁上下，问我去老区干什么，还打趣说，那里的房子比墓地还便宜。

四十分钟后，我到了鹤壁老区，隐居吧里说的便宜房子就在这里。老区的中心是一尊毛泽东雕像，十条街道切分出四方的井格形布局。只要经过五条街，就能从南端走到北端。夜晚，街道冷清，我拉着行李箱走进酒店大门，第二天天亮，从酒店窗户望出去，黄蒙蒙的晨光笼罩着低矮的楼房。

中午，我在一家火锅店等待杨亮。他二十七岁，隐居吧的一员，从上海过来，在鹤壁买房后就没离开过，也不再工作。这是一家自助火锅店，三十元一位，来鹤壁隐居的人常来改善饮食，他也是常客。

火锅店不大，客人不多。一旁的不锈钢盆装着火腿、蔫了的蔬菜、银耳，没有肉。一个男人走进来。他身材微胖，小眼睛，寸头，肚腩显眼，穿黑色的紧身衣、牛仔裤和运动鞋。他坐在我对面，有些拘谨，不时用手抚摸下巴。脸有些憔悴，尤其是那双疲惫的眼睛 —— 充满血丝，眼眶周边泛出淡淡的青色。来鹤壁生活后他昼夜颠倒，上网，通宵打游戏，看时事新闻。他一般睡到第二天中午才起来。

"如果我没告诉你，"杨亮换上一副认真的语气，"你能看出我之前是保安吗？"

他讲起来鹤壁之前的故事。他出生在江西上饶市的一个村子。父母离婚后，他和外公外婆一起住，读到初中时辍学。十八岁外出打工，第一站是江苏南通。但是，第一份工作 ——"我不想说，真的，说那干吗呢"—— 他起初不想多谈。过了一会儿他说，他原本打算靠亲戚，亲戚在菜市场里摆摊卖萝卜饼，他待了几天，觉得还不如自己找份工作。联系上中介后，对方推荐他进电子厂或者去建筑工地拧钢筋。他选了后者，每天工作十二个小时，戴着手套，把钢筋拧成承重墙的框架，再灌混凝土。那个夏天很热，很晒。他对当时的疲倦记忆犹新。"你下了班以后就什么事都不想了，只想睡觉。"

后来他决定去上海看看，也许大城市资源多。他在58同城、赶集网上找到很多机会：会展咨询员、敲 Excel 的文员、平安保险销售。这些工作"做六休一"，休息的那天他做兼职，游戏代练，打《英雄联盟》，有时去办婚宴的五星级酒店做临时服务生，提前换上制服，给客人们上菜，端盘子。他记得制服虽然看着干净，袖口和胳肢窝却沾满污渍。酒店在上海最繁华的地方，他住闵行，离得远，下班总是赶不上地铁，骑车回家要两个小时。

算上兼职，他一个月可以挣七千元。这是干满一周不休息的收入上限。最后，他去一家淘宝店做客服，有一阵负责客服部，手下管四个人。他一直拿四五千的工资，直到店铺生意不行，他就辞职了。

他很快意识到一切都在重复。不同的工作只是看上去不同，说到底没区别。最初的热情渐渐消退，他开始在上海尝试短暂"隐居"：不工作，不出门社交，住在月租五百的四人宿舍，下楼吃便餐，回来打《刺客信条》和《文明》。他也喜欢上了日本动漫，比如《火影忍者》《进击的巨人》。现实生活充满谎言，真假难以辨认，他觉得动漫反倒更真实。《火影忍者》里，他最喜欢的角色是李。那部动漫里的其他人不是天赋异禀，就是出身不凡，李是剧里唯一的普通人。

他觉得自己可能欠点运气，上升机会不多，不如干脆找一份轻松点的工作，就去了一家航空公司做保安，每月工资五千。新工作符合预期，不难，没压力，不痛不痒，波澜不惊，房屋漏水都算一件大事儿。2019年底，他看到了有人在鹤岗五万买房的新闻。他动心了，在网上看到了隐居吧，看到河南鹤壁。他开始计划隐居，决定攒到三十万就辞职。

保安工作第三年，他和领导吵了一架。是件小事，保安队长占了他的网线。但他不想再这样低声下气地和人打交道，又觉得已经攒到十万块，至少够待一阵子了。

吃完饭，我请杨亮带我去家里看看。他说还有个室友，因此不便让我进入。那个室友每月付三百房租，住客卧，待在房间打游戏的时间比他还长。但他说可以去楼下看看。我们沿着鹤壁老区的街道往前走。走到长风路，经过一片灰色的楼房，墙面爬满枯萎的爬山虎，有的玻璃窗碎了，看进去黑漆漆的。地图上这块区域没有名字，当地人叫这里"小角楼"。楼群中有块空地，蔓延着杂乱的野草、玉米秧和南瓜藤。有老人推着摇篮车，或者坐在竹椅上乘凉。不远处火车呼啸而过。

他站在一栋楼房前。就是这里了，他说，他的"隐居地"就在顶层。抬头，往上看，麻雀飞过，天色灰黄。

大多数时间他就待在那间房子。之后他发视频介绍了他的日常，偶尔出门去菜市场买菜，做一次饭吃两天。后来办法更简单：网购成品料理包，雪菜毛豆肉丝、巴西烤肉或者香辣鸡杂，一袋能吃一天，这样每天生活成本约五块。厨房有一桶大米、一箱大碗面、二十四罐梅林午餐肉罐头、八十包压缩饼干，还有一些固体酒精。这是储备物资，轻易不动。看到东北拉闸限民用电的新闻，他买了发电机，两块太阳能发电板，装在楼顶。河南暴雨，他又连夜买了皮划艇和一套救生衣。做好哪里也不去的准备。台风也好，暴雨也好，做足预案，只为坚守在这所房子里。

"你现在觉得鹤壁的生活怎么样？"

"没那么好，但也不坏。"他说。

"一个人的生活真爽啊，根本不用考虑别人。"不过他还是喜欢在网上这样分享生活。最近他买来一只橘猫。他吃速成料理包，还是惦记着给猫买猫粮，喂驱虫药，去菜市场买鸡胸肉水煮给猫吃，又买来一台二手自动猫砂盆。来鹤壁一年，猫胖了，他也一样。猫在水泥地上打滚、伸懒腰、睡觉。冬天，鹤壁老区时常停电。这时能陪他打发时间的只剩猫了。

老城区的地王广场里，服装店正在促销。甩卖，甩卖，最后一天！有人牵着一头梅花鹿，鹿脖子上挂着金黄色的铃铛。胆大的女孩上前摸鹿。鹿耳朵颤了颤。再往前走，我们又到了那尊毛泽东雕像。两个老人穿过马路，双手合十，在雕像下鞠躬。离开城中心，街上人少了许多。路边有座荒废的房子，大门敞开，油漆剥落。

继续往前走。杨亮聊到以前的恋爱经历。说到和女孩的相处，他总是回避我的目光。他说起在上海时尝试追过两个女孩，都失败了。来鹤壁前半年，带着最后试一把的想法，他在网上发帖，说要在上海有偿找个女朋友 —— 他声称有十来个女孩应征。

"我当时选了三个，一个学民族舞的女孩，一个正在上大三，还有一个年纪比我大。我当时在航空公司做保安，然后在工作单位附近，上海青浦区比较偏的地方租了一间房，租金一千六一个月。她们先后搬过来。"

"你知道她们的名字吗？"

"我不知道，我只喊她们'喂'。"

在他的描述中，女孩对他很亲近。

"你当时和她们一起干了什么？"

"去城隍庙坐了邮轮，吃五百元的海鲜自助餐，还一起去上海迪士尼乐园。"他说那是他第一次去迪士尼乐园，好在不是节假日，人不算太多。

她们不知道他的真实身份。他只说自己在一家航空公司上班。"我从来没说我是一名保安，怎么能告诉她们实话？"

关系很快结束了，花去不少积蓄。他提供的聊天记录证实其中一段经历。他认为绝大多数人生活的最终目标就是结婚生子，他自己也是。他信奉金钱在婚恋里的主导作用。来到鹤壁后，他将更多时间花在网络上，为热点事件发表看法，与人争执，似乎成了一个躲在网络后面的人。

我几次和杨亮交流，聊到有关游戏里的逃跑，现实中的逃跑。眼下积蓄还够他在鹤壁待半年，之后呢，他知道可能还是得回上海打工。攒到三十万，他就打算隐居一辈子。再往后，他不愿再出门跟我交流了，理由是外面太热，他又是个宅男。

告别杨亮后，我一个人在鹤壁走。离开老区中心，往边缘去，看见一些老旧的厂房，金属管道，封闭的园区，废弃的澡堂，篮球场。早年鹤壁共有十一个矿区，现在已废弃一半。有个矿区被砖墙包围着，一对夫妻看守。我去那里看了看。黑狗叫个不停，鸡关在笼子里，地面泥泞。一座高四层的红色砖楼从中间裂开，藤蔓伸出来，楼房周围是树木、灌木、苔藓、爬山虎。矿井口被封住了，但还是有枝红色的蔷薇从泥土里钻出来。继续往深处走，一座黄黑色的小山，罩着绿色纺织布，底下堆着细碎的煤矸石。我爬上去。空中弥漫着金属的味道。

我想着此前在隐居吧里看到的这些人的生活，这些短暂的一瞥，短暂的交谈，模糊的身影。如果试图回答最初的疑问，那么，我应该走到这种生活当中去。

后来，我去到了鹤岗。

生活实验

我也跟林雯去了她在鹤岗买的第一套房子。屋里维持着原有的老式装修，塑料板吊顶，更多是猫的痕迹。门口三个大瓷碗，装着满量的猫粮。客厅放着两个猫砂盆，纸壳猫抓板。储物室里放着一摞摞床单、小苏打、燕麦麸皮、膨润土猫砂，网上买的物品最后归宿都在这儿。卧室不大，有张双人床，墙上贴着一张海报——红色帆船正在远航。窗前放着两盆吊兰，叶子边缘呈锯齿状，是猫的齿痕。窗外结了霜，雾蒙蒙一片。

她有两只猫。一只六岁的狸花母猫，是从常州带来的。还有一只英短金渐层，来鹤岗后买的。最初来鹤岗时，她不知道能在这里待多久，先把狸花留在了江苏家里。三个月后，春节，她回了趟家，把狸花运到鹤岗。运猫的旅途花了两千三百元。除了她，车上还有三四只猫、泰迪、阿拉斯加、鸭啊、鱼啊，后备厢还有些蜥蜴虫子。猫到鹤岗的那天，一路上都有火红的晚霞。她抱着猫坐了一路。

狸花叫"大王"。养大王时她在酒店前台做服务员。那会儿她二十岁出头，有天她得知宠物医院有窝被遗弃的狸花猫，还剩下一只活着。她对照片里那只弱小绵绵的动物动了感情。猫身子弱，打了一周吊针。

医院离她家二十公里，她每天来回跑，捧着吊盐水的猫。只要不捧，猫立马醒过来，看着她 —— 就像她选中了猫，猫也选中了她。她和父母之间谈不上亲密。大王陪她在小镇度过漫长的无聊时光。当她决定开炸串店后，大王独自待在第一套房子里。一个月后，她觉得大王太孤单，就在鹤岗早市上从层层叠叠的笼子里选中那只英短金渐层。两只猫相处得很融洽。它们都爱吃酸奶棒冰，有时她就买来一根，让两只猫一起舔舔。

三天一小休，每周一大休。林雯这样设定在鹤岗的休息时间，休息时她都在陪猫。通常是周三晚，她从炸串店回来，增添猫粮，更换猫砂。周一，她睡到中午12点，打扫屋子，更换床上用品，拖地，清扫猫砂，洗衣服，一整天陪猫待在屋子里。

屋子停了暖。在鹤岗，暖气费是笔不小的开支。地上有个装着水的塑料盆，里面还有一支电热棒。她觉得冬天水冷，猫喝了拉肚子。普通的加热棒可能漏电。她挑选了很久，才选到这款乌龟用的恒温加热棒，既能让水保持在二十四度，也不会漏电。床上放着定时加热和关闭的电热毯，她不在时猫也能钻进被子里睡觉。屋外有个小阳台。她打算等天气暖和一些，装上网，让猫在阳台晒太阳。

她用一种温柔的语气说："每天晚上，我抱着大王睡觉，侧躺着，盖着被子，它就这样在我怀里。点点呢，就趴在被子外面。"

在鹤岗，大多数时候，林雯都独自生活在房门这一侧，很少时候去到门外的世界。比如每月有那么一回，她会去楼下的澡堂搓澡。她是个南方人，但很爱东北澡堂。林雯约我一起去。晚上，我站在楼下等她。冬天，她穿着一双人字拖从家里走出来。路面结冰，沟壑纵横，她的脚趾冻得发红。澡堂离家不远，走几分钟就到了。洗浴十六元一次，包含搓背。我们存了手机，走向澡堂。

负责搓背的是个热情的中年女人。"你们从哪里来？"女人问。

"江苏。自己来的，开了个炸串店。"林雯说。

女人问林雯："为什么一个人来到鹤岗？"

"鹤岗挺好的。"林雯笑笑。

"那阿姨给你介绍个对象。"女人又说。

林雯说："为什么一定要介绍对象呢，阿姨，一个人过才舒服，你说对吗？"女人也笑了笑。

澡堂热腾腾，水汽让人的脸涨得通红。搓完澡，我们去吃附近的"八八铁锅炖"。这是她自认奢侈的小爱好。我们拎着铁锅炖鸡回到家里。在楼道，她遇到邻居，一个脾气温和的老头。老头并不在这里常住。她和老头互相问好，后来流感到来，她将几个柠檬借给他，举手之劳，但也仅止于此。

后来我们常一块待着。我还得知她有个"拼饭群"。群里有四个女人，年纪都比林雯大，其中一个结过婚，有孩子，另一个和丈夫一起来鹤岗，还有个年轻的女孩，是短视频博主。她在网上认识了她们。一个月里这四人会相聚吃一次饭。不过林雯受不了更高的见面频率。

她说，不想和人建立更深的交往。在鹤岗认识的人，林雯不和他们聊过去，也不谈论未来。她只聊现在。我几次问她能不能带我一起去见其他人。她有些为难，说还是我俩单独见吧。

这天，她从"拼饭群"里听说，时代广场负一层的超市晚上7点以后打折，她又带我一起去时代广场。从家里出发，她推着一辆装商品的小推车，坐上17路公交。来鹤岗一年，这还是她第三次到时代广场。她不爱来市中心。

我们开始逛超市。她只看那些标着黄色特价标签的商品，目光扫过蔬果堆的角落：两元的花菜、西葫芦、金针菇（各来五份，做炸串食材）；二十元十二瓶的娃哈哈饮料、五元的波罗蜜、三元的鸭脖、十元一包的火腿肠（买给大王）。购物车很快满了。

逛完，我们去负一楼吃炒酸奶。坐在座位上，林雯说："既然选择这样生活，就必须丢掉一些东西。"

每隔两三天她和母亲打一次视频电话，聊普通的母女话题：最近在鹤岗做什么，伙食，降温之后要穿的衣服。她不太和父亲联系。

平常待在炸串店，一个男生有时坐在门口。他住在楼上，是个大学生，刚放寒假回来，这几天经常点林雯的外卖，偶尔还会在她的"多多买菜"站点买饮料。林雯边做菜边与男生闲聊。她让大学生给店里写几个好评。

"他吃得可多了。"林雯说。

"谁吃得多？你不也胖吗。"男生说。

"那我们家基因就是这样，我妈妈每天出去散步两小时，还是一百五十斤。"她说。

说两句玩笑话后，男生拿到麻辣拌，一箱桃汁饮料，走了。

这几乎是林雯在鹤岗所有的社交关系，就像一些零散的线条，而不是重叠在一起的圆。

另一天，林雯、我，还有介绍我俩认识的男生相约去吃"海波烧烤"。晚餐定在5点。天黑了，林雯穿上黑色羽绒服，羽绒裤，雪地靴，戴上防静电的灰色毛毡手套，毛线帽。我们来到路边等待17路公交车。车上坐了一半乘客，多是老年人。等到终点站，下车，来到烧烤店。

男生还没来。他给林雯发消息，说已经下了公交车。这时，林雯打开微信，开启位置共享。我们继续等待，吃着店家免费赠送的花生米和炒芝麻粒。

快到了，男生说。林雯掏出手机，关掉共享。

五分钟后，男生发来消息。

"不吃了。"他说。

林雯疑惑地看着我。"为什么？"她问。

我给男生打电话，男生说他已坐上回程的公交。"为什么？"我再次问他，可他什么也没说。电话对面传来公交车报站的声音。

"对不起，我脾气怪。"后来男生才说，他找不到店的位置，索性不吃了。

我和林雯都误以为对方给男生发过了店址。林雯关掉位置共享，男生不知道怎么走，就回家了。为什么他不问一句呢？林雯说，但她不愿多想，说琢磨他人心思太累。我们继续吃烧烤，但索然无味。后来林雯将两盘烤肉打包，说第二天男生要来帮她修东西，再把烧烤带给他吧。

吃完饭，我们走在街上。我的脸冻得僵硬，逐渐发红，疼痛。她推着小车，车轱辘在地面上划过，车里面装着原本给我和男生的柿子地瓜。鹤岗的人们说这是个暖冬，可还是有零下二十度。下水道口飘出一阵阵白色的水雾。我们戴着口罩，呼出的空气很快在睫毛和刘海上结冰了。风真冷，冻得腿疼。不过林雯说她已经适应这样的寒冷。

只是这里空气不好，她说，有煤灰，走在路上，脸容易沾很多灰。

我们继续往前走。

"但你一个人会不会……"

她马上摇头，"不会。"

"你知道我想问什么？"

"孤独？"她又摇头，"不会。"

"和人交往有什么用。"她继续说，"喝奶茶会让我开心，靠垫能让我靠着舒适，猫能为我做它们所有能做的事情，但人不能。"我们一起回到房子，穿过黑暗的小区。林雯躺到床上，两只猫很快就跟上来，钻进被子，熟练找到林雯的臂弯。关掉灯。一个人，两只猫。她很快睡着了。

* * *

这些天，我和林雯谈论她在鹤岗的生活，也谈论此前的生活。我希望理解她为何做出这样的选择。

现在，如果让我来谈谈林雯，还有这些在鹤岗生活的人们的共性，也许更重要的并不在于他们的身份、社会位置，而是精神上的那部分东西。也许这些人正试图拒绝那种单调、聒噪的声音 —— 某种单一主流的价值观，或是可以称得上老旧的、散发着幽幽陈腐气息的那种生活 —— 工作，赚钱，成功，买房子，买大房子，结婚，生孩子，养孩子，然后自己垂垂老去。

我想起很多声音，比如 ——

"浑浑噩噩地过了这么多年，"林雯说，"来到鹤岗后，那样的感觉终于减淡一些。就好像我终于轻松了一点，也好像更清醒了一点。"

电话中那个做插画的女生说，她还记得来到鹤岗的心情。新生活就这样仓促地开始了。"走进去的那一刻，我想我终于有自己的房子了，好像以后的生活就终于自由了。"

"不想奋斗，奋斗给谁看？"一个人说，"我一个人，这点钱够花，为什么还要去工作呢？如果哪天游戏打腻了，就在鹤岗随便找个工作。"

"如果我放弃家庭，放弃亲情，反正一切都放弃掉，一个单身男人，开销不是很大的情况下，我发现人生还有另外一种选择。"在比亚迪汽车厂工作过的男生说，"不想要的东西就不要了。"也许更重要的是后面一句："我可以选择不要。"

我与学者袁长庚交流，他谈到对生活哲学的看法：

过去四十年的高速发展带来了一个副产品。那就是不管你身处什么社会阶层，不管你是什么生存背景，在很大程度上都共享着一整套生活逻辑。富人也好，穷人也好，城市人也好，农村人也好，虽然你对自己未来的期待不一样，但你总是有所期待：一个人就应该好好劳动，为子孙后代留下一定积蓄，或让你的后代实现阶层跃升。这是过去四十年的高速发展给我们在心理层面上留下的最大公约数。我们几乎是全民无条件接受了这套生活逻辑。

但从另一个角度来说，从生活逻辑和生活哲学的多样性上来说，这比较单一。这就造成一个问题，如果你恰好生在这个时代，在你成长的过程当中，你所受到的影响，你见到的很多东西，这一切会让你产生一种感觉——好像只有过上这样的生活才正常，这是世上唯一正常的出路。当你没有见过有人停下来，你会以为停下来是种让人恐惧的事情，可能会失去生计。但真正有人在你身边这样生活，你发现好像暂时这样一下也没有太大问题……我觉得这背后跟我们经济和社会发展逐渐放缓有关系。当身边有些人开始过非常规生活，我们开始思考，一个人活在这个世界上，我们的生活观念是不是可以更多样化？

同时，在针对工作，针对年轻人的这些情绪里，父母一辈与子女一辈出现了严重的冲突。因为他们各自忠诚于自己的感受和历史经验。这也许说明，代际差异并非来自价值观，而是认识和体验上难以调和，是生活经验的不可通约，不可交流，不可共助。

在鹤岗，我见到的这些人似乎生长出某个新的自我，它决定脱离我们大多数人身处的那个社会——要求房子、教育、工作、自我都要增值，利用每分每秒产生价值，好像时刻在填写一张绩效考核表的社会。遍布生活的焦虑感，弥散的不安，人们不敢停歇，自我鞭笞，自我厌倦，有时还会服用阿普唑仑片。这些选择来到鹤岗的人停了下来，像是进入一种生活实验，实验品则是他们自己。我不知道这是不是有点危险，但也许，这首先是她（他）自由的选择。

另一天我见到了李海 —— 那名最早被报道的海员。他也许不是第一个来鹤岗的人，却是第一个被广泛报道来鹤岗买房的人。他来鹤岗生活快三年了，也是我认识的所有人里在这儿生活最久的人。我希望听听他对此的理解和看法。

"像我们这样生活，没有学历，赚不了很多钱，相对好一点的可能做点技术工种，或者在大城市做保安、送外卖之类。买房都是贫民户嘛，有钱的当然想在自己的城市，没钱的就想想办法，便宜房子也买得到。我们觉得自己到处漂泊的生活状态就像流浪一样……我就觉得，不管好坏，还是得买套房。人人都想有个安稳地方可以住，向往有个属于自己的家。"（《流浪到鹤岗，我五万块买了套房》，正午故事，2019年11月4日）

我在光宇小区外面的街道等待李海。想见他一面不容易。最初，我在网上问他是否愿意聊聊，他说有空可以一起吃顿饭。但我犯了个错误 —— 当我前往鹤岗时，电话中那名女生刚被大量报道过。记者们找不到她，只好从头寻找和这个地方有关的人，其中就包括李海。后来我得知还有不少综艺节目在找他，比如安徽电视台一档综艺，说也想采访在鹤岗生活的人。

"给钱吗？"他问对方。

"只报销路费。"

"那我不去。"他说。

李海已经不想再搅和那些和生活无关的事了。来鹤岗的人都想见李海。但其实他并不喜欢和人打交道，最初他会和其他人一起吃饭，建了个微信群，叫"四海为家"，把人都拉进来，里头有人叫"海哥大迷弟"。后来他习惯躲起来了。人人都听说过他，知道他过去的故事，但都不知道他现在的生活。有人听说他靠老家的低保，也有人说他曾经在微信群里发过账单，一个月花一千块，每天不超过三十，能买什么，不买什么，都要控制清楚。

快到约定见面的时间了，李海一直没回复我，接下来一个月还是没有回音。第二个月我再次约李海出来喝酒。他发来一个"微笑"的表情。寒暄几句，他说见面就算了。又过几天，我正好要去光宇小区附近见另一个人，问他要不要一起吃饭。这次他同意了。

现在，我看见新闻中的人从街道另一头走来。他三十五岁，有些瘦弱，穿黑色羽绒服，软塌塌的发型，戴着印有"SMART"猫胡须的卡通口罩。他走近后摘下口罩，显露出人群中一张寻常的面孔。他有些局促，很少说话，抬头看我一眼，很快转移了目光。他边走路，边用手机打《宠物小精灵》，一款消消乐游戏。

光宇 C 区是一个更老的回迁房小区。淡黄色的楼房层层叠叠，没有边界。路边的雪融化成黑水。这里是鹤岗的煤矿塌陷区，时常停水。

总有传言说那是深处的水管塌陷了，停水时李海就需要出去吃饭。墙壁上贴着"房屋出售，光宇 A 区，七楼，五十七平方米，位置好，两万五"，房子价格比李海刚买时还降了一点。

我们走在街上，风还是很大。李海已经习惯了。2019 年底在鹤岗买房后他再也没有离开过。他本来打算维持原有的生活，出去跑船半年，再回鹤岗生活半年。但在鹤岗买房半年后，同为海员的父亲在海上遇难 —— 父亲看他跑船，也跟着去跑船，最后在一次台风中丧生。

"现在船老板不管台风的。"他说，"反正人死了有保险。"总有船公司的中介打电话给他。他回复他们，说再也不跑船了。

"那你现在在鹤岗做些什么？"

他把手机收起来，"帮有钱人家的小孩练级。"

我们穿过街道，柳树伸展着枯枝，在空中摇晃。火锅店没开，李海带我走向另一家烧烤店。不远处有片雪地，半米来高的松树苗斜着列成棋盘状，牌子上写"让城市拥抱森林"。李海看了会儿松树，又往前走。路上他聊到怎么打游戏挣钱 —— 去年《魔兽世界》还没关，每天晚上他都在打装备，一个月能挣一两千元，但打得无聊，太单调，接着打《王者荣耀》《天龙八部》，其实不需要技术多好，只要肯花时间。他的顾客是一些有钱的小孩。最近他还帮不在鹤岗的人报停暖气，跑腿，挣了几千元。有些时候他也会在鹤岗日结群里找零工，修水管，修电器。他生活成本不高，偶尔买点肉，趁超市打折时买梭子蟹。作为舟山人他还是保留了吃海味的习惯。父亲在海上出事的赔偿款，他没拿，给了家里人。

新闻最火的那阵子，他想过去当中介卖鹤岗的房子。毕竟总有"粉丝"来鹤岗找他。他在百度"隐居吧""流浪吧"里卖，开了短视频账号。但卖得不好。别的博主一个月卖二三十套，他一年才卖了七套。他就不干了。他不清楚怎么将那些关注变成真正属于他的东西，那也许不是他擅长的事。

"钱花完了怎么办呢？"

"花完啦，再去打工。"他说，"赚多少，就花多少。"去年他总共赚了一万，也花了一万。

在鹤岗，李海平淡地生活了三年。他独自逛公园，走在鹤岗的街道上，有时天很阴沉，人们留下背影，路面积了薄冰。有时天很晴朗，他拍下膨胀的云。游乐场里，一个人拍打辛勤的骆驼。他来到萝北的界江，江对面就是俄罗斯。公交车上，人们戴着口罩。他是来鹤岗生活的人里少数养狗的人。去年他从狗市上买来两只狗，无论天气如何，每天遛狗两次。

我跟随李海回到他家。他打开门。客厅里最醒目的是那个硕大的不锈钢狗笼，狗就待在那儿。靠墙放着一个立方体鱼缸，没有鱼，水绿油油的。茶几上放了很多杂物，胶带、打火机、电池、狗绳链，还有一个小型摄像头。两只狗接连叫起来。一只奶牛狗，一只长毛黑狗。客厅里是狗的味道。李海靠近狗笼子，打开门。狗冲出来，立马尿了一泡。李海佯装要打它，可两只狗翘着尾巴，围着人转来转去。哎呀，这狗。他笑了笑，只好去拿拖把，将地板拖干净。狗守在门前。

走！李海说。

他打开家门，狗冲出去，才几秒就消失了。我和李海走下楼，那两只狗在雪地里滚了滚，从小区一头跑向另一头，身上毛发湿答答往下滴水。两只狗有时赛跑，有时又分开。

李海站在雪堆附近，空旷的小区里。我们聊到他曾经做海员的生活，那是一种长久以来毫无希望的漂泊感。他时常无法确认自己的位置，在社会上的，在家庭中的。他已经不太有对生活的野心，现在平平淡淡在鹤岗过着，带着狗，偶尔和在鹤岗认识的人一起逛超市、买海鲜，或只是自己出门走，走在大街上，走在那些有着高大桦树林的公园里。似乎这样就够了。

"找个地方清静。"他说。

"从来不想回去吗？"

"回去太吵了，什么时候找对象，什么时候买房，什么时候生孩子，这些问题不可能停下来。"他接着说，"我差不多二十年没回去过。"

一只来自临街店铺的灰色长毛狗跑来。三只狗滚作一团，热闹的叫声此起彼伏。天气越来越冷，在雪地里站了四十分钟，我感到身体冻僵了。小区里，一些老人慢慢走过去。

"这边没人管你。对，你想干什么就干什么。"他最后说。

两只狗跑向远处，毛茸茸的影子越来越小，变成小黑点，直至消失不见。吵闹的叫声也不见了。四周重归寂静，只有风声。不过李海并不担心。他相信狗一会儿就会回来，回到他的身边。

* * *

关于来鹤岗的意义，关于人的追寻，人们还有其他的观点。一个饭局上，我见到了一男一女。女生三十岁，曾在深圳工作。男人四十岁，脖子上挂着灰色穿戴式耳机，他是组织者的性格，提起在厦门和北京做青年社群的经历。他认为鹤岗将有形成文化部落的空间。他们买下房子，想要定期举办读书会、观影会、"自我探索会"、红酒品鉴会、精酿啤酒品鉴会、TED演讲观看会。

我问他们，在这些活动上，他们一般都聊些什么。

"比如人生设计课，"女生说，"我现在正在寻找人生目标，人生方向，我会用人生设计这一套方法论，然后我去实践。"

"人生怎么设计呢？"我问她。我有点怀疑——人生能够设计吗？

"你是不是把人生计划、人生规划跟人生设计搞混了？"男人说。他开始讲这三者的区别，《斯坦福大学人生设计课》，"奥德赛计划"。

"总而言之，就是我们如何才能使自己更积极地掌握人生。"男人补充说。

女生说，他们在鹤岗的群聊里发布活动通告，但总会被大量的其他对话冲走。

"来鹤岗的只有两种人。愿意交流和学习的是一种，不愿意交流和学习的是另一种。"男人接着说，"现在看来，从外地来鹤岗买房的人里，很少有愿意'交流和学习'的。"

最早来鹤岗的那些人，也不完全都在避世。相反，他们在鹤岗抓住了机会。比如二十九岁的郑前。他在短视频平台上有四十万的关注者，有些视频播放量达到千万级别。很多人都是看到他的视频才来到鹤岗买房。

后来我与郑前相约见面。他留着一头齐刘海的黄色爆炸头，只穿一件黑色卫衣，带我钻进街边一家房产门店。店里不大，桌上有三台电脑，一旁放着茶台和紫砂杯。员工都在外跑房子。他一年能卖一百套鹤岗的房子。

最火的时候，他接受了快二十家媒体的采访。"说过的事情懒得再说。"他说，"我后来直接把那篇最详细的发给记者，再问他们有什么想补充的。"

他坐在电脑桌前，右手玩着脖子上的金属项链。他等着去染头发，想换个颜色，应付年底一家媒体直播。那场直播会请来一些短视频博主，郑前打算向人展示自己的鹤岗生活。平时，他大部分时间都在规划视频、拍视频、剪辑，兼职卖房销售。他每天中午起来，下午开始拍短视频，回复大量咨询买房的微信。他有四部手机，六个微信号，每个微信都加满了五千人。

"我几乎没有个人的生活。"他笑了笑，"其实我最开始来是'躺'的。"

2019年冬天，他看到海员李海的新闻。之前，他在广州做了三年汽车销售，在番禺、从化，跑汽车厂，推销火花塞、雨刮、刹车片，卖车上的配件。他住在白云龙归地铁站附近的城中村，月租八百。他每月挣四千元。到了第三年，他开始感到无所事事。看不到未来，看不到任何希望，工作日复一日，那时的生活并不会让他有任何幻想。

他决心到鹤岗买房，然后做《王者荣耀》的主播。房子装修花了两个月。存款见底后，他坐在电脑前开始游戏直播，播了一周多，没有人气，就开始研究短视频。他不知道拍什么，以"广州人到东北"为主题拍摄了各种各样的雪景，还有鹤岗便宜的房子。粉丝很快涨起来。让他意外的是，不停有人问他怎么买房。他开始做起生意来，过了一年，他和鹤岗当地人合伙成立一家房产中介公司。

"我掌握了一些流量的秘诀。"他说。

我问他具体指什么。

他很犹豫，"说了就会被别人抄。"

如今在他的社交账号上，多数是这样一些内容：

> 北京粉丝在鹤岗买了套房子，六十八平方米全款四万，装修四万八，共八万八千，人已入住鹤岗。
>
> 山西粉丝来鹤岗买房啦，四万一套房，你羡慕吗？
>
> 江西粉丝三万九鹤岗安家，究竟为何这样千里迢迢到鹤岗？

"鹤岗有显而易见的好处，我能够掌握这里，城市有几条街道，几个小区，能去哪里，我都很清楚。"他接着说，"在广州，我只会觉得自己很渺小。"

有些女孩向他示好，他拒绝了。他知道自己正处于难得的机遇中，担心错过就不再有，不想把精力花在其他地方。"现在就是我的人生最高峰。"聊了四十分钟，他开始看时间。我知道接受采访多的人会有这种习惯。离开时我们坐上他的车。我问他，这辆车是不是刚买的，看起来很新。他说，他不敢买贵的车，想换辆好点的都不行，这在大城市十分正常，但在小城市就容易招来非议。

他说，要是在街上被别人拍下来，那可就麻烦了。

*　　*　　*

我已在鹤岗见到这些人，听见一些声音，写下她和他的故事、经验、记忆。人们来到鹤岗，就像是追寻着那些旧话题：到某地去，到远方去，在路上，"真正的生活总是在别处"。在这里生活越久，我仍然不清楚，鹤岗，这座城市是否真的能让人们摆脱生活的重复、苦闷、倦怠、绝望感——进而来到精神上的自由？我想到人们交谈时的犹疑、沉默，面对经济压力时的回避，谈到未来时的顾左右而言他，也想到了另一句话——"当对时间的感知仅限于期待一个无法控制的未来时，勇气就会消失。"（西蒙娜·薇依）

一天，我又来到林雯的炸串店。我坐在沙发上，盯着屋子里的食物，又将目光投向那堆着杂物的阳台，忽然想到林雯曾经提过的水母。

"水母去哪了？"我问林雯。

她那时正在切柠檬片，柠檬的酸苦味道很快传过来。

"两只大西洋不吃饭，饿死了。"她抬起头说。

那是搬到鹤岗的半年后。半年来，水母的身体越来越小，她没找到办法。有天换水，可能没有配对盐的比例，水母当晚没吃东西，第二天死了。又过了一下午，水母身体溶化在水里，没了踪影。这样也好，没有负罪感，她说。但生活还是要继续过。

炸串店生意不好，有时一个下午只开张两单。只要够水电费就行，她总是这样说，但还是会想办法提升销量。外卖商家通常会赠送小礼物。她买来一整箱青皮柠檬，准备做免费的柠檬水。炸串店的外卖评分降到4分，她自我安慰，说如果评分太差，就换个店名重新开，但后来她还是让熟悉的客人写上好评。

做完柠檬水，她开始打游戏，队友不在线，她随机匹配了一把。她的手指在屏幕上快速移动。在这个游戏里她似乎能获得现实无法给予的东西。

"不打了，等晚上队友上线。"她说。

随后我们开始聊天，吃橙子，她忽然说："我之前好像在日剧里看到，人生所有的不如意，都是没有能力导致的。"

"怎么突然说起这个？"

"只是突然想起。"

"不过感觉你对现在的生活还算满意？"

"我也有很多想做的。"

"比如呢？"

"比如我也想赚钱，我也想减肥，我也想变美，我也想出去旅游，我也想学画画，我也想学会电脑，然后去做互联网的工作，比如像群里那些人。"她提过几次，她没有电脑，也不太会电脑，要是会门互联网技术就好了。

"然后呢？"

"没有然后了。"她又笑了下。

圣诞节过后的一天，我，林雯，"比亚迪男生"再次相约吃火锅。林雯穿着白色毛衣，灰色百褶裙，一身相对郑重的打扮。她提前买来三个琵琶鸡腿。鸡腿正躺在烤箱里，肉香飘过来。

聊到新年愿望，男生说："希望未来能找个老婆。"

那你呢？我问林雯，你还想谈恋爱吗？

"我谈过一段。"她说。之前，她谈到感情时总是显得很淡漠。"我不追星，也不追偶像，不喜欢看爱情片，做司仪看到别人的婚礼，也没什么特别的。"她的话里没有期待，对亲情、爱情、友情。当我来到鹤岗后，在那短暂的时间里，我成为她交往最频繁的人。我也是第一个在她家过夜的人。

"但这是女生之间的话，还是等他走了再说吧。"她说。她看了一眼男生，吃完饭，她就催男生离开。

男生走了。她说："他可能没办法理解我要说的吧。"

她接着说那段感情，说那段感情结束得很仓促。但她希望我不要写到这段经历。

"这段就略过吧。"她说。

林雯沉默了一会儿。她看着我。沙发背后那张暖灯照着她的脸。和人打交道很累，疲惫，也挺麻烦的，她最后说。

聊完，林雯开始刷短视频。我们每次见面，林雯大约都要刷几个小时的短视频，"鱼头豆腐汤的做法"，三分钟看完的电影，有关奥密克戎的笑话。我在一边听她刷短视频的声音，想到它呈现了一个浩渺无边的世界，但它也支离破碎，我不清楚什么样的情感、记忆或经验能从这些碎片里留下来。

如同水母那样漂着。她对现在的生活满意吗？以后还有更好的选择吗？

她曾经有过一次快乐的旅行。那是在新冠发生前，她按部就班打工四五年了，2019年秋天，她一个人去了海南三亚，住在海棠湾的青年旅舍，楼下是海，有沙滩椅。她在深夜带着钳子和头灯抓螃蟹，早上做海鲜粥。傍晚的天空总是粉红色的，许多人在海上冲浪。她尽可能控制花费，花了三千元歇了一个月。她长久注视着那片海。

父亲的最后一站

1970年1月入伍，1975年3月退役。49年过去了。这跨度足够漫长，但又可以用一句话概括：父亲再未走出过农村。

此时，他不再是小伙子，不再是空军战士，已经76岁，头秃得只剩下环绕在后脑勺的一圈头发，脸颊凹陷，眉毛掉了许多，全白了。可当他往故地开封疾驰的路上，很多记忆都回来了。

陈有银是一个平凡到不起眼的陕西农村老人。8月8日，他开启了他的逃走计划。儿子陈东毅寻找过程中，父亲50年前的一段他所知甚少的过往，缓缓展开。

父亲不见了

那是一个寻常的夏日，陕西蓝田县华胥镇侯家铺村的陈东毅晚上下班回家，发现父亲陈有银不在。直到晚9点，人还没有回来。这不寻常。76岁的父亲，自儿子记事起就在务农、至今仍在务农的父亲，顿顿离不了面食、从来不在外面过夜、尽可能守在母亲身边的父亲，在2024年8月8日，一个既不是纪念日，也不是阳历或农历上任何节点的日子，从家里消失了。

母亲说，父亲上午问她要了100块钱，出门买了桶油，找回的零钱一分不少，全在桌上摆着。他洗了澡，在中午时分出门了。手机打过去关机，但陈东毅16岁的儿子说，爷爷的手机昨晚明明充了一夜的电。

陈东毅骑着电动车在附近找了一圈，没有任何发现。他报了警。消息在村组的微信群传播。越来越多的人聚集而来。可能去走亲戚了，过一夜就回来了，人们说。不祥的预感在陈东毅心中升腾，留下钱，故意关机，父亲似乎有一个特别的计划，儿子不敢细想的计划。有人建议陈东毅应该去山上坟头看看，他立马知道了对方是什么意思。

凌晨3点半，他决定一个人上山。四处漆黑，长满杂草，他拿手机照亮。探路时，发现前方立着几只硕大的黄鼠狼，他吓得魂都快飞了。他既害怕错过什么，又害怕发现什么。他走到过世超过20年的爷爷奶奶的坟头前，父亲不在那里。他几乎一夜没睡，天蒙蒙亮，他又上山找了一轮。草丛里也看过了，没有尸体。

他开始从监控摄像里寻找线索。村里有人在家门口安了摄像头，把时间定位到8月8日中午12点，父亲在屏幕里出现了，穿白底蓝格子衬衫、灰色长裤、咖色皮鞋，推着一辆黄色共享自行车，往镇东边的工业园区而去。调取那里的监控，他看见父亲骑车继续往东。他继续追踪，在一个超市的监控里，又看见了父亲。就这样沿路问了几十个店铺，很多人二话不说就给他看监控。一直追到18公里外的蓝田县城，线索断了。

他计算了一下时间，父亲80分钟骑行了18公里。对于一个近八旬老人来说，这是惊人的速度。用最后那位在道路监控看到父亲的警察的话说，"老汉骑得美滴很"，意思是精神抖擞。他稍感宽慰，父亲似乎奔着什么急事而去，并且，那件事不是坏事。

第二天过去了。第三天，第四天。住在西安的姐姐陈艳丽和姐夫在事发当晚连夜赶回。远亲近邻相继来了。所有人都在想办法，陈东毅发小的媳妇把寻人消息发到抖音上。姐夫的朋友向蓝天救援队请求援助。村里不少人参与周边搜索。寻人启事印了一大沓，四处张贴。

父亲的人际关系简单，除了乡里乡亲，就是他50年前的战友了。最常联系的一位叫张红年，在隔壁村。陈东毅登门拜访，仅仅打电话不够，担心老人串通，把父亲藏起来。当着儿子的面，张红年又打了几个电话给附近的战友。这是儿子第一次知道父亲除张红年外还有哪些战友：一个在县城跟儿子卖菜，一个在西安市中医院看自行车，还有得了脑梗的，行动不便。"嫌疑"一一排除。

父亲不抽烟不喝酒，不打麻将不下棋。闲时，他爱看电视上的军事类连续剧。父亲很少有私人物品，一个放在抽屉里的记事本，几乎就是他全部生活的映照。上面以记录电话为主，总共也没几个人。有一页写了两串610开头的长长号码，是父亲和母亲的身份证号，在农村很少用到，所以他记不住自己的后几位。有一页写着"每周一早12点放学，下午4点放学"，那是十几年前，孙辈在村小上学，父亲记下的接送时间，等他们长大一点，就被儿子接到城里去了。有一页写着几句古诗，有一页则是如何防止便秘的剪报。陈东毅从中没有发现什么线索。

他与姐姐做了各种尝试。他们去寺庙，猜想父亲会不会躲在那里散心，僧人向他们保证，哪怕人真来了，也给劝回去。他们接到一些爆料，疑似父亲的老人在不同地方出现，无一是他。他们遇到了几拨骗子，一个人要200块，他们给了，另一个人要一万块，被识破了。他们找了不同的算命先生。他们甚至抱着最坏打算，用竹竿探入灞河的水草里，看能不能打捞出什么东西。结果，一无所获。

最后，他们什么也做不了，只能等待了。

第一天

回到事发的第一天，午后温度达到35℃，他出发了。自行车是管村里小孩借的，没有锁。他曾有辆飞鸽，骑坏好多年了。这辆不同，轮胎不用充气，共享经济潮起时，附近到处都是，现在都消失了，独此一辆被掠为私产。他没看地图，看也看不懂。他心中有个目标，沿着国道走，不懂就问。十天？半个月？他估摸着能赶在小孙子高中开学前回来。

这是个新鲜计划，冒出来没多久。7月初，儿子退掉城里租的房子，全家搬回侯家铺村的这间祖屋。多年来，只有陈有银和老伴住在这里，理论上东边两间属于他二哥，人家早迁走了。老房子重新热闹起来。他的欢喜溢于言表。第一个月，正赶上儿媳妇淡季停工，一天三顿饭都她做。家得有人守，饭得有人做，这是他执行计划的前提。

出门前买一桶油，是看家里剩得不多了。省得孩子去买了，耽误他们事儿。剩下的钱放桌上，怕老伴疑心，"你把钱装兜里干啥？"他把手机电池抠了出来，难怪没人能联系上。他只带了两件换洗的上衣，一件雨衣。他甚至没有带身份证，怕丢。

家人以为他身上没带钱，其实不是。后裤兜里，他揣了1400多块钱。平时家里的钱他都交给老伴管理，这笔钱算是私房钱。儿子收拾房子的时候发现过。"爸，你咋把钱放这了，都发潮了。"他没再多问。陈有银兄弟姐妹6人，他排行老五，唯有他还在农村务农，情况最困难。逢年过节，姐姐和妹妹会给他几百块。这些年攒下来，约莫4000。前不久孙女说学校报名要交钱，爷爷把钱给她，剩下1400。

但没留个字条，家人着急怎么办？没锁的共享自行车，半路被人骑走怎么办？没有多余的裤子换怎么办？没身份证被盘查怎么办？钱用完了怎么办？赶不回来怎么办？最坏的可能是什么？他没有想过的事太多了。

后来，媒体会用"完成梦想"来描述他将进行的这件事。但他不会用这个词，只能叫"一个想法"。这件事论其本质，是一时冲动，没缜密考虑，和年轻人喝大了在腰间文了个身，或者上班族被老板训了一顿后裸辞去拉萨，没有区别。足够崇高的，才叫梦想。当兵是梦想。但这件事不算。

年轻时，他梦想当兵。他三哥就是军人，他也盼着去队伍里锻炼锻炼。连续3年，体检通过了，公社的大队长不放人。几个哥哥都去了外地，家里要保留劳动力。他手脚勤快，公社每次开大会，他一早就去用架子车运水、做杂务，一来二去跟武装部长熟了。"部长，你看今年我22岁了，我再不走，就没有这个机会了。"他说。1969年冬，武装部长说有个空缺，急忙骑着自行车驮他去县里办手续，直接在那儿把衣服换了。他穿着军装回来，大队长没话说了。

他们在西安上火车，是装牲口的专用车，睡在芦苇席子上，一路开往河南开封。他三哥是机械兵，开压路机的那种，而他耽误几年，竟去了空军，22岁时当上一名空降兵，是岁数最大的新兵之一。15军43师炮兵团，番号0794。空军伙食标准比陆军高一倍，一天9毛钱。他为自己的兵种感到自豪。

那段岁月太遥远了。1976年复员后，他没离开过农村。他再没坐过飞机与火车。就连西安后来开通地铁，他也没有机会坐。

2019年，他所在的连队在西安进行了退伍后的首次聚会，指导员从河南远道而来。他得以与很多战友重新取得联系。每年春节，他都给老指导员打电话拜年。去年还是前年，他记不清楚了，指导员去世了，电话那端再也听不到那河南口音。重聚之后，是不断地告别。他数了数，全镇同年参军29人，已经走了十二三个。而活着的人，好几个脑梗了。不久前他去看望一个战友，坐在轮椅上。家人怕他摔，就用绳子把他和轮椅捆在一起，毫无尊严可言。他感到特别心酸，但也知道在农村，那是没有办法的办法。

属于他们的时间越来越少了。他还算健康，一年到头连感冒都没有，至今没感染过新冠（或者感染了但没症状）。但他也知道，死亡并不遥远，随时可能发生。而在此之前，他需要完成一件事。

现在，他迈出第一步。没戴表，他一口气骑到天黑，抵达潼关。

那是陕西与河南交界处，距离出发点有100多公里。晚饭吃了碗面条，每天不要花超过10块，尽在他的计划。他在一处关门的店铺前，把雨衣铺在地上，睡上去，也不感觉硌，很快就睡着了。

爱与煎熬

整个8月，陈东毅两口子在煎熬中度过。他出去找人，妻子在家看着母亲，工作全停了。村里的人都相信，陈有银不在人世了。痛苦是双重的，儿子听到风言风语，老头子是被儿媳妇气走的。怎么儿子一家刚搬回来一个月，这事就发生了？他们没有辩解的空间。"我爸我妈这衣服都是我媳妇买。她跟我一样，不善言谈。"他说。妻子委屈，哭了三天。

陈东毅46岁，声音柔和，看起来文质彬彬，两鬓有不少白发。村里有人传他急得一夜白头，他予以否认。他有一种过分的客气，9月底我们约见面，他骑了两公里的电动车来我宾馆，聊了两个多小时，桌上洗好的葡萄一粒没吃，拧开瓶盖的矿泉水一口没喝。他和姐姐陈艳丽一样，初中就不读了。除了小时候偶尔帮手干些轻微农活，姐弟从未真正务农。他做过油漆工学徒，干过食堂，跑过印刷厂的业务，开过出租，都没赚到什么钱。为了孩子读书，去西安租了房子，而现在孩子大了，搬回来能省下房租。

关于父亲的去向，各种可能滑过他的脑子。有一点是他坚信的，父亲不可能寻死。他放心不下我妈，他想。

母亲的精神分裂症是在20世纪90年代初出现的。那时爷爷刚去世，父亲突然成了一家之长，所有的事情向他压来，他慌了。陈东毅后来总结，可能是父亲急躁的行事风格，激发了母亲本就埋在家族基因里的病灶。后来这些年，母亲病情时好时坏，剥夺了她的一些认知能力。她无法做饭。电磁炉不知道插电，放到煤气灶上，烧焦了。她晚上睡不着，白天则不想动。她多次住进西安市内的精神病院。

父亲的世界也随之改变了。他几乎寸步不离地照顾母亲。母亲头脑不清醒时，他出去转转，还得把院门锁上，怕母亲出门不认识回来的路。女儿陈艳丽回忆，村里有红白喜事，他总是随完礼就回家，饭都不吃。即便2019年那次对他意义重大的战友聚会，是两天一夜的行程，每人交200块钱，他也没住，第一晚就回来了，因此错过了第二天的集体合影。他从没旅游过，西安的兵马俑、古城墙都没看过。大雁塔倒是见过多次，去省精神病院要路过那里，一次没上去过。

父亲急躁，体现在开始干一件事必须就得赶紧做完，但更多方面，他是随和的。农村男人打孩子很常见，他从不打。他让母亲掌管家里的经济，"我妈虽然有病，心能细一点。"陈艳丽说，"那账算得可厉害了。"这也是他不太传统的那一面。母亲不喜欢烟味，他就再也不碰烟了。不是自律，不是为了健康，唯一原因是母亲。"以后谁再给你烟你就不要抽。"母亲这么说，他记住了。

就像大多数的中国传统家庭，父亲与孩子交流不多。父亲在外面很外向，回家就内向起来。去城里生活这些年，陈东毅一个月回村一次，放下千八百块钱，待上一阵就回了。

父亲从未讲过他的军中往事。儿女只知道他在河南开封，并不知道细节。家里没找到父亲当兵的照片。退伍证上原本有照片，但陈东毅小时候把它撕掉了。陈东毅记得，当时他10岁左右，养了一条狗，它是他的好朋友，睡觉都要抱着它一起。但父亲看管不慎，狗死了。它颈上拴着绳子，从门上跳过，因绳子不够长，悬在半空吊死。那种惨烈的死状，对他的打击是毁灭性的。他要惩罚父亲，所以他撕掉了照片。他后来意识到，那是父亲"唯一比较珍惜的东西"。

今年过年，儿子好像突然开窍了，管老板借了辆商务车。"爸，我带你去延安看一下吧。"他说。他想着父亲当过兵，又是党员，对革命老区有那种情怀。不去，父亲说："我早都去过了。"他提议其他地方，父亲都拒绝了。他明白，父亲怕他花钱。拗不过，最后哪儿也没去。

父亲就是这个样子，小心翼翼，生怕麻烦儿女。村里有人去世，按理说年轻人会被喊回来帮忙，父亲相反，"尽量不告诉我，怕回来影响工作。"陈东毅说。母亲的病需要常年服药，每隔一两个月，父亲就要去县城医院取药，他不想用儿子的车，就自己坐车去。班车不定时，有时没赶上，天黑才回来，饿着肚子。"咱爸以后要是给咱妈买药，不给我说的话，我就跟他不过了，分家。"陈艳丽忆起弟弟知道之后说的半开玩笑的气话，"我弟其实也是很关心他，也是很爱他的。"

两代人之间的关爱，有时以一种简单粗暴的方式呈现。父亲有件衣服穿得太旧了，儿子有天对他说："你衣服烂了，不信你脱下来看看。"拿过去就用剪刀把袖子剪了个窟窿。他给父亲买了新衣。这件事，父亲后来会把它当成特别感动的事，乐呵呵地分享出来。

父亲情感含蓄。女儿陈艳丽记得唯一的一次，他哭了，是她出嫁时。按地方习俗，父亲要在婚车来之前，上山坡砍竹子。他想到女儿的户口要迁到别人家去了，心里很难舍，眼泪掉下来。陈艳丽没有看到，是父亲后来电话告诉她的。

父亲不在的日子，哭都是偷偷躲起来。明着哭，是向现实的投降，这事就铁定成了悲伤之事。家中还有母亲，陈东毅最担心的是她受到刺激。"妈也知道，这次还可以，她挺过来了。"

8月过去了。陈艳丽农历生日来了。往年她总会忘记，反而是父亲记得，她生日前一天，必定会接到父亲的电话，"明天给你做点好吃的。"她多么想抱着他痛哭一场，"爸，你欠我一个生日仪式。"她盼着电话响起，又害怕电话，"人家跟我说，没有消息是最好的消息。"

在路上

时间模糊了，老人不再记得日期，只感受昼夜更替。夏天好像一直没有退去，一天比一天更热。大多数的长途骑行，过程即目的，而属于陈有银的完全不同。没有直播，没有观众，没有记录，也不期待未来的讲述，这只是他私人的一件事。他不欣赏路上的风景，朝阳晨曦，落日余晖，野外夜幕中的点点繁星，对他毫不重要。

这是他人生中最脏的阶段。他素来爱整洁，在家时早晨起来，被子叠成豆腐块，床单抻平。地板是砖头铺砌，他把它清扫得特别干净。衣服、鞋子，一切要放置得井井有条。他时不时就拿湿毛巾擦拭床头，不允许积灰。他定期刮掉脸上胡楂。这些都是当兵时养成的习惯。现在，他每晚睡在地上，有时用砖头垫在雨衣下作为枕头，有时用脚上的那双凉皮鞋。选择的位置一般都是关闭的路边商店门口。说来也奇怪，竟也无蚊虫叮咬。

后半夜睡觉有点凉，他从垃圾桶里捡了一件西服，因为污秽，袖管已经硬得能立起来了，他抖掉灰土，盖在身上。西装还有一个用处，白天他搭在车头，即使人离开了，也是一种主权宣告。这一路，没有人动过他的自行车。

他的另一件垃圾桶战利品是一条长浴巾，他把它打湿，裹在头上，用来遮阳和降温，骑起来风大会吹掉，他就把两端一缠，咬在嘴里。那模样实在滑稽，后来他向记者复述时，自己都觉得不好意思。记者要拍照，他赶紧把毛巾吐出来。头皮是遮住了，手臂遮不住，暴晒之下，他脱了两层皮。

出发没多远，他就摔了一跤。明明是平路，不知道怎么回事，车就往侧面倒去。下一秒，他趴在车子上，膝盖磕破了。后来结了痂，没有化脓。两个月后，伤疤依然可见。

从一开始，他对距离就没有概念。他只知道，他要去的地方不远。进度慢了下来。体力消耗是个原因。他也走了许多冤枉路。有时四野无人，问路问不着，就走岔了。有一次他路过一个三岔路口，他记得很清楚，那里有人征收玉米，一天之后，他发现他回到同一个路口。

"没有考虑那么多"，这是他后来复盘这段经历时，不断提起的一句话。每天走多少路，他没有规划，只要在天黑前有落脚地即可，最好是市镇。"路标上写的25公里，我就把这25公里走完。"他对地理概念所知甚少，沿途各站经过哪里，就像开盲盒，只知道他要去的终点。一路全凭问，碰到年龄大的人，他叫"大哥"，小一些的就叫"同志"。他更信任"大哥"，他担心"同志"不说实话。

出了潼关，他经过灵宝、三门峡、洛阳，然后是郑州。进入河南地界，山多起来。遇到上坡就得推着走。下坡舒服，他不用蹬就飞起来。

他基本不进城，"花费比较大，乡下吃两碗饭就完了"，只沿着国道走，但郑州是个例外。他知道郑州有个二七罢工纪念塔，有革命意义，特地去那前面的广场待了两天，把碑文全读了。他不确定塔是不是要收费，就没上去。

加油站是他的补给所。他的饮用水来自那里，他把矿泉水瓶攒着不扔，一次装满三个。他在厕所（有时是公路边上的沟渠）洗脸，洗上衣，晚上晾在车头或者树上。裤子因为只有一条，从来没有换过。

每天天亮，只要路上的车灯关了，他就出发。在家时，他早晨吃两个馒头和一碗苞谷汁，但现在为了抓紧时间（也许也为了省钱），他跳过早饭。一直骑到下午两三点钟，一天中最热的时候，他会去吃第一顿饭，然后找阴凉处休息会儿，再骑到天黑。晚饭有时吃，有时不吃。一天最多两顿饭，竟然也不饿。一般是吃凉皮加馒头。他路过卖热干面的摊位，那是在他家乡从未见过的东西。他喜欢吃面食，但面的名字吓退了他。"咱一听热字，就不想吃，管它好吃不好吃。"他说，天已经够热了，"想吃凉皮。"

因为他的年纪，路上遇到的人看见他一个人骑车，偶尔会搭讪几句。他基本只说自己从何处而来，而不会讲往何处而去。"不认识的话，跟他没有什么聊的。"他尽量尽快结束对话。只有在问路时，他会暴露自己的大致去向。但具体干吗，没人问，他也没说过。

国道的很多路段没有路灯，夜晚逆行车辆的灯晃得他睁不开眼。他的原则是安全第一，绝不摸黑骑行。有次晚上，他在漆黑的道路上推车走，远处迎面驶来了一辆摩托。快接近他时，车的大灯关了，转为近光灯。他看清楚了，骑手是一位女士。他们寒暄了几句，他继续往前，发现摩托车掉转方向，跟在他后面。

"你为什么跟着我？"他问。

"我给你照亮。"女士说。

那一刻，陈有银并未感到感动，而是害怕。"又不认识，又是个女同志，又是晚上，万一她给我揽上什么事，说不清。人家再来一帮人打你一顿，你也没办法。"于是，他一再地拒绝她。

终于，那位女士站在原地不动了。他继续推行，不多时，却见一辆警车从对面开来，从他身边经过后转了弯，又慢慢跟在他身后。跟了10分钟，他明白了，警车肯定是那位女士叫来，帮他照路的。他再次谢绝了。

在一种自我警备中，他一路收获着善意。每个人都对他很客气。遇到的那种新潮年轻人，骑着车把和车座都很高、轮子硕大的自行车，也愿意和他聊几句。有人给他矿泉水，有人给他食物。他不愿被施与，总先试图推脱。还有"一个同志"，给了他一包东西，包装挺好看的。他不知道是啥，过了两天拆开，"里边纸是湿的，带水的，它一张一张，谁也不连谁，也（撕）不坏。咱们那个纸张，一沾水不是就拿不起来了？"他管它叫"水纸"。

睡眠不是问题，夜半车驶过的噪音不会惊醒他，他总能睡得很沉，以至于没有任何记得住的梦。只有一次，被路过的洒水车弄醒了，他以为下雨了。一路上，他只遇上过一次下雨。

他尽量不去想家人。念头冒出来，他就赶紧压制下去。反常的是，他不感觉累，一天只比一天感觉轻松。

目标越来越近了。他心中充满喜悦。

父亲的前半生

7月，陈东毅搬回父亲的房子时，有一种熟悉又陌生的感觉。毕竟离开了十几年，但好像很多都没有变。墙还是他当年结婚刷过的，现在许多地方出现破损，因为冬天烧煤，墙壁被熏得发黄，今年村里才通了天然气。二楼废弃，楼板断裂，"现在都养鸟了"。

陈家是整个村里最早从窑洞里搬出来的，姐姐陈艳丽对窑洞的印象是蚊子多，潮湿。这栋两层砖房能在20世纪90年代修起来，主要靠着伯伯们的经济支持，当时是最靠外的一排，全村没有不羡慕的。陈艳丽记得，伯伯们会给家里置办各种小件的生活用品，村民晒粮食时会过来借席子，蒸凉皮时会过来借罗。往更早追溯，三伯在窑洞口打了口井，"全村人都去我家挑水"。

随着爷爷去世，伯伯们不再寄钱回来，父亲务农，母亲治病，家里越来越穷。一个与此呼应的具象是，越来越多的村民富裕起来，把房子盖在陈家前面去了。这些年下来，别人家的砖房都翻新过一轮了。"他家房也没有翻新，车也没有，可能心理上有一点自卑。"邻居张海燕说。在她看来，陈有银不过是一个在村里不会被注意到、极其普通的老人。

最近，陈东毅整理旧物时，翻开那张没有照片的退役证。日常生活里，他几乎遗忘了父亲曾是军人这个事实。他这才确切地知晓父亲的从军时间：1970年1月入伍，1975年3月退役。49年过去了。这跨度足够漫长，但又可以用一句话概括：父亲再未走出过农村。

当年，三伯退役后分配去了甘肃白银的矿上，但父亲却回到了农村，这区分了两者的工农身份，也影响了他们的退休待遇。据父亲说，整个兵团受到一些事件的影响，不管分配。

谁都向往外面的世界。大伯在20世纪50年代，小学没读完时就被钻井队带走了，全国到处走，后来落脚在新疆。二伯去了渭南的汽车公司，也一早离开农村。父亲也想往外走，他走不了。

家里最小的儿子留下守家、务农，是坚实的传统。"俺这村里就是要孝顺上一代，所以咱们有老父亲老母亲的都不出远门。"张海燕说。"就是倒霉嘛。"同村的老人侯健康直白地对我抱怨，他也是家里最小的那个，他也是那个一辈子没有离开农村的幼子。但侯健康后来成了一名电工，好歹也算有个编制。"陈有银他爸爸，家法严得很，那个老封建。"他对我说。

父权曾经掌管一切。爷爷是那个最大的大人，安排父亲的婚姻。父亲和母亲订婚前只见过彼此照片。爷爷管家里的钱，父亲三十多岁时，身上不装钱，用钱还管爷爷要，剩了多少还给他。爷爷让父亲跟他务农，他听爷爷的话。

爷爷走后，当父亲成为家里的大人，他可以为自己做决定了，但母亲又生病了。她离不开他，他也离不开她。儿女打工，他还要抚养留守的孙辈。20世纪90年代，村里很多人家从农业转型，开始从云南拉回大理石做茶几，从而发家致富。也有人买拖拉机靠拉沙子赚钱。父亲错过了这些机会。要照料母亲，那是他的理由。但也许，也是因为父亲害怕。

"他这个人固执，家庭观念重。"侯健康说。

农活是永远干不完的。地都在山坡上，这里一小块，那里一小块，无法规模化种植。"现在路修了还能宽一点，车能上去，原来全凭人力。"陈艳丽说，运输要推独轮车。地里主要种麦子和玉米，夹杂着种豆角。下雨天，豆角长出来，父亲赶紧摘了，用蛇皮袋装着，骑车去下面的工业园卖。陈东毅不知道家里靠农业得到的具体收入，但可以确定的是，家里攒不下钱。母亲的药费每月要花700块钱，住院要更多。

父亲从不抱怨命运。"啥事他都愿意自己一个人承担，只要他自己能干，他宁愿苦死累死。"陈艳丽说。

他的同届战友里，张红年后来当上了村支书。有人当上了公安局长，有人当上西安一中的校长。就拿最近的对比，他们村去了两个人，另一个人有亲戚在县委，他退役回来把材料一交，安排去了公共汽车公司。父亲回来后，当上了民兵连连长，那对他来说，像是当兵的延续，他很喜欢。每年冬季，他要带几百号人训练打靶。5年后村与村合并，他失去了这个职位。命运好像没有眷顾他。

该责怪父亲没有本事吗？"我也没本事，我有本事，早在外边把房子买了。"陈东毅说。

在村里，父亲人缘好，热心肠。早年村民的房子连在一起，没有隔断，他清扫自家，总会连带把旁人门前都扫一遍。集体干活，他主动给大家蒸红薯当早饭。村里上岁数的女人，推着粮食去磨面，他会搭手推车，一直送到目的地。"你就是一个活雷锋。"女儿陈艳丽对他说。

在这个家族里，父亲似乎总是那个兜底的人。大伯去了新疆，从未供养过父母。父亲对他有意见，但终归是家人。反而是大伯晚年时，父亲托熟人，找单位接收他，把他从新疆调回老家。大伯一生漂泊在外，最后叶落归根。尽管父亲是为爷爷奶奶养老送终的人，爷爷安排家产时，却是平均分配。因为长幼顺序，他得的是最差的西厢房。如果问父亲公不公平，他会说，家家有本难念的经，家庭不是讲理的地方。

"我爸是个好人，"陈东毅说，"你对人千般好，一次就把人得罪了。我爸干事儿可以实干，但不太会说话。"

他永远是把自己放到最后的人。"稀罕东西，我们很少吃的东西，他都是最后一个吃，问他你吃了吗？（他说）我吃了你们吃。人家都不吃了他才吃，要么就是快坏了的。"陈东毅说。

父亲老了。这件事，好像是突然发生的。他的背驼了，女儿陈艳丽发现，在他50多岁或者60多岁的时候。

"我爸确实难，确实苦。我跟您说我想哭。"向我回忆到这里时，陈东毅的声音哽咽了，他把脸埋进手掌里。

大 桥

消息在9月7日深夜传来，陈有银找到了，人在武汉。联系人电话归属地是河北，陈东毅一度以为又是诈骗，打过去，对方说自己是警察，要和他核对他父亲的身份信息。他将信将疑，直到听到电话那边有人在喊，"毅儿，毅儿"。他确定那就是他的父亲。

警察打算把老人送到救助站，然后明天买火车票送他回来。那一瞬间，陈东毅只有一个想法，一刻也不能等了，现在就动身，开车去接父亲。他匆匆忙忙换衣，还是媳妇细心，给父亲准备了两身衣服。一路不停，8个小时开了700公里，9月8日上午，他抵达武汉，此时距离父亲消失，整整过去了一个月。

在派出所，父子重逢，他第一眼注意到的是父亲下巴上的白胡子。他从未见过他留过那么长的胡子。他叫了一声爸，然后就不知道再说什么了。"人晒得跟非洲人一样黑。"他注意到，父亲的眼睛下面都晒得起了水泡。好可怜，他想。

警察告诉他，他父亲来到武汉，是为了看武汉长江大桥，晚上迷了路，到警务站问路。他没有证件，又报错了身份证号码，所以被留了下来。

父亲浑身都很脏。儿子在宾馆开了间房，给他洗澡、理发。他看到他屁股因为长期骑行都磨黑了。他肉眼可见地瘦了，腰围小了两个皮带眼。父亲说在路上有洗澡，理过一次发，还买过苹果、西瓜吃。儿子对此怀疑，不知道他是否在安慰他。他们把自行车、脏衣服（包括那件西服）都留在了武汉。

回去的路上，他们几乎没有说话。那不是一场凯旋，低气压笼罩。过去那些天升温到了近40℃，他想父亲一定受了很多苦。他不敢询问那些细节。得知孩子们找了他一个月，父亲看起来很自责。

故事到这里本来就结束了。次日，陈东毅接到武汉打来的电话，有关方面认为老兵骑行千里看大桥的故事很感人，希望予以宣传。接下来，他和父亲均接受了电话采访。

根据最初报道，"大桥"愿景的缘起，埋在50年前，训练间隙的闲谈里。每个人说到各自家乡。连长黄火生是武汉人，说长江大桥很壮观。50年后，陈有银来到武汉，看了几座大桥，当晚迷了路，直至被接回，他都没有看到真正的长江大桥。

"大桥"变成某种浪漫意象，故事在网络引发热烈反响。"这是多好的一个故事啊，人到暮年，为了深埋心底几十年的执念，老人像少年一样冒冒失失地出发，一路亲历冷暖人情和社会发展，最后被民警和亲人找到，安然回家，虽然还是没见到梦中的大桥，但最后也在陌生人的成全下获得宽慰，绝佳电影素材。"网红博主河森堡说。

更多的电话来了，更多的细节被问及。新闻滚动式更新着。武汉有关方面将《长江日报》记者拍摄的"万里长江第一桥"照片发给陈有银。老连长黄火生被找到了，提起陈有银，他用的称谓是"这小伙子"。武汉文旅局邀请陈有银一家六口国庆期间去武汉参观。

陈有银的家里开始接二连三出现拜访者，我也是其中之一。有天早上6点多，陈东毅媳妇赶去城里上班，门口蹲着一个记者，她吓了一跳。

陈有银一遍遍讲着去看大桥的故事，讲他是如何偷偷出发的，讲那个用摩托车灯为他黑暗中照路的女人，讲他在武汉看到的无人驾驶（他错误地管它叫"小萝卜头快跑"），讲他第一次用的"水纸"，讲他的钱如何稀里糊涂地只剩下400元。他是一个特别配合的人，你问什么他答什么。但有个细节被忽略了。如果目的地是武汉，为什么要去河南，两点之间，他走了一个直角。

其实，他从没打算隐瞒什么。在我们见面的前20分钟，他就说出了答案。他一开始要去的是开封，当年的军营，"我向往那个地方，特别向往我们部队"。去看大桥只是回程时临时兴起，"一打听郑州离武汉不远，我就有这个念头"。他全程没有问过日期，当他到了武汉，发现小学生已经上学了，他意识到已到9月，必须赶紧回去了。大桥并没有那么重要，就像二七纪念塔，不是必上不可。离真正的长江大桥还有几十公里，他不想再费周折。事实上，那晚他找民警问路，就是为了从312国道回家。

你问什么，他答什么。更重要的是前面那一站，但很少有人详细问他。

故 地

不再是小伙子，不再是空军战士，陈有银已经76岁，头秃得只剩下环绕在后脑勺的一圈头发，脸颊凹陷，眉毛掉了许多，全白了。当他往故地开封疾驰的路上，很多记忆都回来了。

他不认识路，离开封越来越近，沿路看到路标上的地名，他就知道50多年前他去过。路过登封时，记忆闪回，他在随部队拉练，路过此处的煤矿。拉练可苦了，半夜哨子一吹紧急集合，打起背包就得走。有人裤子没穿好就跑出来站队，特狼狈。所有人都步行，就连50多岁的营长也不例外。出来一个星期，沿途住在村民家。夜晚走得很累，他眼睛不自觉地闭上了。班长在后面叫他，他马上惊醒，眼睛睁开，发现自己走到路沿的悬崖了，下面是煤矿，灯火通明。第二天，他问炊事班要了一个红辣椒，瞌睡再犯，就把辣椒拿出来咬半截子搁嘴上，一辣就没有瞌睡了。

那位班长是安徽人，不知道还在不在人世了，他想。

老兵有安徽、四川人、湖北人，新兵都是陕西人。2年以后，他成了老兵，新兵来的是山西人。陕西人吃不惯米，每次开饭如果有馒头，全都上去围一圈，后面的人恶作剧，把前面的人帽子掀掉，掉进锅里。四川人相反，吃不惯面。大家都讲家乡话，一开始听不懂。时间长了，还是各自讲家乡话，都能听懂了。但老乡有时听不懂，他去村里管老乡借牛拉货，人家说，俺牛儿不在家。你牛儿明明在这放着，他说。后来他明白了，河南人管女儿叫妮儿，听起来和陕西话的牛儿很像。

他往开封的东郊而去，他记得部队驻地挨着一个化肥厂。到了那一片，站岗的保安对他说，部队现在不在这里了，在西郊。那人给他写了一个字条，上面有3位数的部队番号。过去都是4位数5位数，现在改了，他想。他把字条放进西服口袋。

他穿越开封，往西郊而去，据他说，他找到了部队驻地。他被门口的士兵拦下来。"我在这部队当过兵，想去里面看看。"他说。士兵打了电话，出来一个年龄更大的人，看起来也不过20来岁。他的制服与站岗士兵有区别，应该是个干部，排长以上，下面有两个兜，上面有两个兜，纽扣扣上后，不会露出来。他想起他的连长，也是这般，上身绿色，裤子是蓝色，对方是迷彩。后来，关于这场千里骑行，很多细节他都忘了，但这些细节他清楚记得。

过去在咱们这儿当过兵，部队里边有85加农炮，有高射炮，12个管的火箭炮，他一口气说下去，说了有10分钟，对方一直听他说。部队现在到外面去训练了，这边并没有人，对方说，领着他进了门。他记得当年部队每周六放电影，会把大门打开，让附近村民来看。现在管理严格，肯定是不能随便进入了，他想。

时值中午，对方问他，大伯，你吃饭没有，叫炊事员给你做饭，他谢绝了。

于是那位干部陪他转转，他看到场地上的训练器材，钢管焊接成圆圈，模拟跳伞过程的翻转，"人站到里面去自己滚"。他想起那时每年冬季训练，要跳三五回伞。头回不敢跳，被人给推下去的。跳伞纵然害怕，伞打开以后，在空中慢慢飘，也很好玩。如果刮风，落地时"能拖几十米，你都站不起来"。这些经历藏在他心里很多年，不轻易说起的原因是，"不需要别人夸你什么，好像在炫耀"。

他们走过一排排宿舍，里面设施很现代化，每间都装有空调。当年连风扇都没有，他想。有的同志不会缝被子，另外的同志就会帮他。他们在会议室上文化课，看书，学习炮的构造。他只读到4年级，许多字都是部队里认的。有的同志文化程度更低，刚来时连自己名字都写不出来，给家里写信，让母亲下次过来带上一双妹子。你家有几个人？陈有银问。原来，对方写错了"袜"字。

没有看到任何武器，他本想能摸一摸，但没好意思提。当年，他所在的营负责操作85加农炮，他是炮手。他从未上过战场。对越自卫反击战开始，隔壁的高射炮营要调去前线，刚上火车，命令下来，又不去了。

他什么都没有问，只是默默地跟着，听那位干部介绍，连对方的名字都不知道。当然不会在这里见到任何认识的人。这里甚至不是原来的驻地。毕竟50年过去了。复员不久，他所在的三连就撤销了。他感到有些悲伤。

临走，干部看他鞋破了，送了他一双绿色的解放鞋。模样跟当年他穿的一样，但质量好得多，底子又厚又软。

但他没有走。他舍不得走。第二天一早，他穿上那双解放鞋，又去了部队驻地。换了人接待他，这次他坐了一整天。晚上，对方留他住了一晚。他睡在空空荡荡的宿舍里。第三天，再也没有留下去的理由。他离开了。

我的目的达到了，谢谢你，陪着我。陈有银说。

回 归

某些讲述一定出现了错乱。陈有银说从开封到武汉，只用了两三天。两地距离超过500公里，无论如何是不可能的。第一次见面，他告诉我，他是1973年入伍，76年退伍，退伍证上不是这么写的，他的战友也不是这么告诉我的。在武汉，到底看了几座大桥？有时他说三座，有时又说四座。据他说，他看到的第一座桥，让他一度以为是武汉长江大桥的那座，有五层塔楼，但他在网络照片上指认的那座桥，并无塔楼。关于他在部队营地住了一晚的那件事，他之前根本没有讲，直到后来，这段经历突然多了出来。

"我爸脑子记不住，他刚说的话，有时他都忘了。"陈东毅说。

在儿子撕掉他退伍证照片这件事上，情节也与陈东毅所述有出入。在他记忆里，儿子最多4岁，而不是10岁，死掉的是猫，而不是狗。但那种情感是真实无疑的，他下地回来，看见地上一堆白花花的纸片，一点点拼凑，正是他自己。"这个世界上从现在起就没有我了。"他说。

张红年告诉我，这些年来，有好几个战友分别去过故地，到了部队门口根本不让进。所以，陈有银真找到营地了吗？真进去了吗？那张写着部队番号的字条，他说受潮烂掉了。没有照片，没有视频，只有单方面的讲述。

至少，儿子与他重逢时，他脚上真的穿着那双绿色的解放鞋。

陈有银失踪后，昔日战友微信群一直在表达挂念，而他被找到，继而成为新闻人物，群里沸腾了。陈有银没有智能手机，他无从感知。我去找张红年，他打开"情系老三连""蓝田空降老兵"这两个群，一路往上滑，全是表达喜庆的传统表情包。我问张红年的身体状况，他大笑着一拍胸部："装了三个支架，还有糖尿病！"我不得不注意到，群里一多半的人使用的头像，是自己年轻时候的军装照。在这个平行网络时空里，老兵们永远年轻。

不经意间，张红年向我透露了陈有银的一件事。他服役最后一年，其实是去了炊事班。他评上过几次"五好战士"，几个班才选一个，但从没当过班长。我问陈有银，炊事班和空降兵听起来感觉不同，以这种方式结束军旅生涯，是否感到遗憾。"没有遗憾，那就是组织分配。"他说，"确实是一个普通士兵，（叫）你不管做什么，都得做。你不想去炊事班，大家都不去，饭没人做了，你吃什么？"如果要说遗憾，"那就是感觉服役期限太短了"。

如果仅从经济成本上来看待这个骑行故事，你会发现陈有银算错了账，从西安往返武汉或者开封的高铁票不需要1000元。他最后身上仅剩400元。陈东毅难以想象如果他自己往回骑会发生什么，"很有可能就回不来了。"

老伴会反复念叨另一笔账。儿子、儿媳、女儿、女婿，四个娃儿8月都停工找人。没了收入，花了油钱，欠了人情。她指着屋里的天花板，想告诉我，很多地方漏水，雨天要把床铺移开，直到我承诺会写出来，她才停下来。

最近这段日子，儿女们沉浸在复杂的情绪里。父亲平安回来值得高兴，但他也受了许多苦。他们没有和他太多聊起骑行过程，很多信息是在采访时旁听得来的。陈艳丽每每想起他睡在铺着雨衣的地上，就会心痛，"我感觉我爸就是乞丐"。愧疚感持续地折磨着她，"没有了解到老人心理，他现在到底想要什么，还是沟通得少。"但父亲说，他再也不会出去了。

来访者刨根问底追问细节，陈有银不拒绝，但也略感烦躁。晚上睡觉面朝天还是头侧着，遇上女同志怎么称呼，他向儿子复述那些问题，抱怨其无关紧要。"我就不记那些事，过去就过去了。"

骑行的困难不算什么。家人不在场的时候，他开始对我讲述另外一些事，一些他人生中真正艰难的时刻。儿媳在小孙子才7个月时，去城里上班了，还留下两三岁的孙女。他买奶粉，拿奶瓶喂孙子，晚上哄他睡。那时老伴的病很严重，除了照看她，"我整天抱着一个，领着一个。"他活得了无生趣，无人倾诉，"哭都没有眼泪"。

几年前的一个早晨，老伴躺在床上，叫不醒了。他发现，半瓶阿普唑仑没了。送医后，人救了回来。同样的事一个月后又发生了，她吃了整整一瓶。老伴说不想活了，生病时间太长，她觉得花费屋里的钱太多。在医院的那些天，他没有埋怨她，也没有流露过痛苦。他硬挺过来，"还要干活，还要做其他事情。"他从头到尾没有告诉过儿子。

漫长的照顾也许改变了他的性格。尽管他自我评价是急躁，但现在他身上完全看不到了。"在那个条件下，你只得耐住性子。"他说，"我要是马虎人，早都没有她了。"

在互联网上，关于陈有银的故事还在传播着。很多人说，这是一个浪漫的故事，一场了不起的骑行。但在儿子陈东毅看来，父亲陪伴患病母亲的30多年，是一段看不见的旅程，比这段骑行更了不起。

"也没做出什么轰轰烈烈的事儿。"女儿陈艳丽说，她回忆不起父亲的任何一个英雄时刻，"在我心目中他就是平凡而伟大。"

9月底的一个下午，家里只有两位老人。眼看休闲时间不多了，马上要进入农忙季节了，等下一场雨来，地里要种麦子。我们聊到一半，老伴喊陈有银，要炒菜了。他马上停下来，跑去厨房，做了一大锅卷心菜炒豆腐，浇在面条上给每个人装上。饭后又聊了一会，老伴又进来，说好几天没有浇蒜了，要不她自己去浇。

你别管，陈有银回头喊道，你别管。

寻找蒋宗英

蒋宗英是谁？

蒋宗英是一位中国人民志愿军女战士，
是一位在抗美援朝战场上牺牲的烈士。

—— 丁晓平

一个士兵要不战死沙场，便是回到故乡。

——黄永玉题于沈从文墓地

家书抵万金

一座日本式小楼，竖向蔚蓝色的天空，沿着台阶上了楼梯，是一个四方的洋台，往右转进楼门，一条笔直的走廊，走廊右边紧挨着两间大小不等的里外屋，里屋是一间清洁而又划一的浴室，外屋是一个很整齐的学习室，饭厅亦是。雪白的墙壁在六十支电光（即六十瓦电灯泡，引者注）的照耀下，更显得一种庄严的状态，桌上伏着七个毛泽东的女战士，静静地拿着文学、哲学等各种书籍，屋里静谧得可怕。她们正看得入神，咚咚，外面敲门声，打破了室内的沉寂。接着进来一位男同志，"蒋宗英，给你信！""我不信。"我说。"真的。"他一边说着一边从兜里掏出一封用淡墨写着"蒋宗英同志"的信。我高兴了，我跳了起来，口里嚷着"我们家来信了"。

"我们家来信了！"只有离开父母、离开家乡之后，才能体会这种"家书抵万金"的滋味，才能理解这手捧家书喜若狂的心境。

真不知如何才能写好这篇文章，想了很久，还是觉得先将上面这段文字摘抄下来，作为我要讲的这个故事的开头。这段文字，它既不来自某部小说，也不来自某篇散文，而是来自一封家书。这封家书的写作时间是1951年4月3日，写信的地点是在东北辽阳的一座军营，它的作者不是别人，正是家书中的"我"——蒋宗英。

收到这封家书的这个夜晚，蒋宗英正和她的战友们在部队学习室里安安静静地读书学习。这一天，距离她当兵离家已经五百五十九天。那时，她对自己成长为一名"毛泽东的好战士"充满信心，正在为争取早日成为一名中国共产党党员而努力奋斗。

蒋宗英是谁？

蒋宗英是一位中国人民志愿军女战士，是一位在抗美援朝战场上牺牲的烈士。

第一次知道蒋宗英这位女英雄的名字，是2023年10月在长沙举行我的长篇报告文学《胜战：中国人民志愿军五任司令员》新书发布会期间。在湖南毛泽东文学院，新闻出版界前辈、湖南省委宣传部原常务副部长蒋祖烜同志送我一册由其父亲蒋宗恒编选的《最可爱的亲人：志愿军女战士蒋宗英家书》（以下简称《蒋宗英家书》）。他告诉我，这五十多封战场家书是其父亲历经七十多年的风风雨雨珍藏下来的。而这本小册子，也是他父亲在耄耋之年学会了电脑之后，一个字一个字地在键盘上敲打出来的。

在蒋祖烜娓娓道来的介绍中，我才知道，蒋宗英是其父亲蒋宗恒的亲妹妹，是他的小姑妈。而辛亥革命武昌起义的主要组织者和领导者、被孙中山先生誉为中华民国"开国元勋"的蒋翊武先生（1884—1913）是他的伯祖父；他的祖父蒋翰平先生（1895—1973）是蒋翊武的四弟，系湖南省第二届人大代表、省首届烈属模范。他的父亲蒋宗恒是一位1949年7月入党的老革命，曾任益阳地委党校校长，多次获得"劳动模范""优秀共产党员"称号，2023年还荣获湖南省"最美老干部"荣誉称号。显然，这是一个有着良好家教家风的革命家庭。

那一刻，我对这个家庭油然而生一种敬意，暗暗地告诉自己：要写写蒋宗英。

翻开《蒋宗英家书》这本薄薄的小册子，首先映入眼帘的是一幅黑白戎装照片。这个长得白白胖胖、萌萌嫩嫩，留着齐耳短发的甜美姑娘，就是志愿军女英雄蒋宗英吗？她的眼睛不大，却自带光芒；她的身材不高，却英姿飒爽。正是一个含苞待放的花季少女啊！接着，我看到了蒋宗英的生平：1931年5月出生于湖南澧县，县立简易师范学校毕业，1949年8月报名参加中国人民解放军南下工作团，编入第四野战军第39军117师，获"解放中南纪念章"。1950年6月朝鲜战争爆发后，她随军北上，驻屯辽阳。1951年4月，奔赴朝鲜前线，从事战地文艺宣传工作。同年8月，调351团团部，做机要工作。1952年3

月14日，她在城山守备战中因抢救伤员遭遇美机轰炸，不幸壮烈牺牲，时年不满二十一岁。她的遗体安葬在朝鲜江原道铁原郡马场怀荫里。

蒋宗英离开家的那一天，是1949年9月14日。九十五岁的蒋宗恒依然清楚地记得："我与她的最后相见，应该是在1949年的春节。之后，我在临澧县参加革命，她在这年8月参军，我受地下党组织委派，回澧县迎接解放军时，她已经离开家了。"

9月15日晚上，蒋宗英在临澧县城给父亲母亲写了第一封家书。

窗外，下起了雨。蒋宗英提起笔告诉双亲大人："儿昨日离家，随队前进，仅走二十五里路，在张公庙附近住宿。因为儿没有穿袜子，鞋子又是麻索做的，故脚底打了个大泡。当天还可忍受，今天又忍痛走了二十里，后来硬不能再忍就只好骑马，这是初次。也算我的胆子大，骑在上面一点也不怕，我们每天都是清早两点钟出发，中午大休息吃午饭，下午四点钟又走。今天是到临澧县城过夜，我的脚也上了药。今天晚上下了雨，明天雨如下很大我们就不走，雨小我们就照常前进。我仍然骑马，上级对我们很好，男女同志都很亲爱，精神上并不觉得痛苦。"在信中，她还叮嘱父母："我的一切都好，不必担心，再到相当的地方，一定寄信回家。这封信是在地下写的，文句都写得很不好，不要让人家看。"

读完蒋宗英的这封家书，我想起了自己当兵离开家的日子，想起了军旅之初接受艰苦的军政锻炼，战友们也是不怕苦不怕累，也是团结友爱，对父母也常常是"报喜不报忧"，不想让他们担心。"我是一个兵，来自老百姓。"穿越时空，蒋宗英家书的字里行间都让我感受到红色基因传承的力量，那就是有志青年只要一融入人民军队这个大熔炉、大学校，就从外到内彻底完成了由民到兵的转变。一代代革命军人都是这么走过来的。

蒋宗英兄弟姐妹六人，大哥蒋宗策、小哥蒋宗恒、大姐蒋宗杰、二姐蒋宗媛、弟弟蒋宗成。1949年8月的那一天，蒋宗英是与未满十五岁的弟弟蒋宗成、姨表姐杨忠鼎、姑表姐徐恢明等一起参加人民解放军的。其实，蒋宗英祖父蒋定照（1863—1935）也是农民出身，家住在澧县蒋家庙，年轻时来澧县县城打工，在丁公桥一家豆笋店做学徒。店老板是一对老年夫妻，膝下无子，见蒋定照夫妇勤快又老实可靠，生前就把房子和做豆笋的工具赠送给了这对年轻人。而他们也没有辜负两位老人的信任，为他们养老送终。祖父掌店后，改招牌为"蒋兴发"，生意果然越做越红火。蒋定照夫妇生了五儿一女，分别是保勤（蒋翊武）、保森、保华、保祯（蒋翰平）、保汉和女儿保桂。

蒋宗英出生的时候，家住澧县县城老二街25号。父亲蒋翰平精明能干、厚德尚义、勤俭朴素，做学徒时练得一手好字，虽然家境贫寒，但脑子里没有重男轻女的老旧观念，对儿女的教育尤为重视，砸锅卖铁也要给孩子读书。九十五岁高龄的蒋宗恒回忆说："我的整个初中阶段只有一件像样的衣服，就这还是用黄栀子果染就的土布做的。由于没有换洗的，所以经常将它穿得像剃头担子上的荡刀布。我读澧县中学时，宗英妹就读的是澧县简易师范，因为读师范免交学费，那时家里穷，交不起两个人的学费。难忘每到新学期为学费而犯愁，全家人包括我自己去筹借学费的艰难。"天资聪慧、活泼可爱的蒋宗英，在父母和哥哥姐姐们的宠爱之下，在简易师范接受了新式教育，有着知性女子的那种调皮和倔强，骨子里也自然生长着湖湘文化的那种"吃得苦、霸得蛮、扎硬寨、打死战"的刚烈坚强，敢爱敢恨、大胆泼辣，认定的事就必定坚持到底。

9月17日，雨越下越大，道路泥泞，不能行军，蒋宗英随队在临澧县城休息。临澧地区是丘陵地带，乡间道路弯弯折折、崎崎岖岖，小石子、碎瓦砾、枯树枝、荆棘条随时随地都可能从路上冒出来，一不小心就扎了脚丫子。蒋宗英不是一个娇气的姑娘，始终有不服输、不后悔、不怕难的蛮劲儿，可她在家里也没有打着赤脚穿过这种用麻索做的行军鞋。她的脚掌起了大水泡，磨破了、流血了，但她依然坚持着，"忍痛走了二十里"。有过徒步行军经历的人，都尝过脚底起泡后磨破皮的滋味。为此，蒋宗英到县城医院去诊治痛得厉害的伤脚，花掉了父母给她随身带的三百元钱。上级知道后，决定补助她三百元治伤的钱。可她坚决不要组织上的钱，坚持用自己的钱治病。

9月18日，雨停了。可是，蒋宗英受伤的脚还没有好，不巧的是，两匹马也生病了。于是，部队领导很民主，也很关心女同志，决定让她和表姐杨忠鼎等几位女战士乘坐汽车前往常德，确实省了她们不少的脚力。在这一天，她们分别给家里写了信，告诉父母："我们此次参军，是为着国家、人民和自己的前途而造幸福和快乐。"

在常德，蒋宗英加入常德工作队，受伤的脚也就好了。在这里，她们奉命等待平津工作队的到来，然后再一起向南前进。常德工作队其实就是文艺宣传队，总共有七位女同志，蒋宗英和大家相处得和谐友好。的确，蒋宗英从小就有文艺天赋，喜欢唱歌。蒋宗恒回忆说："记得有一个星期天的下午，我和宗英妹在宗杰大姐的房子里比赛唱歌，结果是她赢了。她不仅唱得多，还唱得好听。"

9月23日，蒋宗英给父亲母亲写了一封家书，告诉双亲自己现在的通信处为"珠江部南下工作队"。

10月19日，踏着开国大典的胜利号角，在接受一个月的军政训练后，蒋宗英随部队离开常德，徒步走了四天，抵达益阳。到了目的地，她马上给父母写了一封家书，讲述了自己近一个月来的所作所为和所见所闻，尤其是与地方老百姓和睦相处的感受。她告诉父亲母亲："我们马上就去担水，跑四五里地去搬柴，自己还做饭，精神痛快极了。第二天我们还在大街上扭秧歌（这是我开始扭秧歌的第一次），这种精神使我们自己也感觉兴奋和骄傲。"

深秋时节，大雁南飞，天气渐渐凉了。因为离家时仅仅穿了两件单衣，蒋宗英感到早晚冻得有些发冷，好在房东的女儿主动借给她两件衣服御寒。好在，队伍上很快就要发棉衣了。

11月1日，表姐徐恢明收到了家里寄来的棉鞋，这让蒋宗英十分羡慕。于是，她在写给父母的家书里请大姐宗杰、二姐宗媛给她做一双单鞋、一双棉鞋。她还专门叮嘱姐姐们要把"棉鞋圈子深点做，底厚点、宽点，圈子进点上"。

在益阳，部队正式分兵了。蒋宗英分配在第39军南工团3中队第13小队，表姐杨忠鼎则分配在1中队。

11月5日，队伍又出发了。蒋宗英和她的战友们乘汽车南行，经长沙、邵阳，前往武冈。在长沙，她和表姐徐恢明抽空去看了表哥徐恢祥。表哥很客气，热情地招待了她们，告别时还送给她们牙膏、肥皂和用来买绒裤的三万元钱。在邵阳，她们又见到了弟弟蒋宗成和表弟徐恢奇。其间，她们还随队行军到醴陵县的安江。谁知，39军军部又转移到别的地方去了，她们又随部队回到了隆回县的桃花坪。

11月14日，蒋宗英在写给父亲母亲的家书中谈了在部队的学习体会，认为"学习必须要理论与实际工作联系起来才有用"。此时，组织上本想把蒋宗英留在后勤部宣传队学习，但是她坚持要求随部队前进，到战斗的前线去。组织同意了她的请求。于是，她随队继续前进，到达湘乡县的永丰，在那里接受军政学习培训。

12月5日，蒋宗英光荣地加入了新民主主义青年团。8日，她在写给父亲母亲的家书中说："儿在这次的工作中及近来的表现比前要进步了，组织上及各团员见到我表现也不差，缺点也少（一般人批评我联系群众不够普遍，还附有小资产阶级的表现），就吸收了我参加青年团。"

12月23日，队伍又从永丰出发了。第一天走了六十里，第二天走了八十里，第三天走了三十里，第四天走了六十里，第五天走了二十里，终于抵达祁阳县城。"在这五天的行军当中，多半都是三点多钟起床，五点钟出发。每个同学都背着很重的背包（我的有十多斤）。头上蒙蒙的细雨不断地淋着，湿了，还走着很窄的小山道。在这种环境下，我们同学没有一个叫苦的、掉队的。不但这样，并且每个同学的情绪都很高，唱的唱歌，碰的碰球，还有许多新花样，真逗人。我负责本小队的文娱工作，当然不会例外。"

夜行军是艰苦的，更何况是在南方的冬天。那个时候，中南地区还没有完全解放，尤其是湘西土匪依然十分活跃，这也是队伍选择夜间行动的一个原因。蒙蒙的细雨，窄窄的小道，沉沉的背囊，蒋宗英和她的战友们没有叫累叫苦，革命的乐观主义不再是写在纸上、说在嘴上的词，变成了行军征途上铿锵有力又轻松浪漫的生活节拍，生动又具体地阐释了人民子弟兵"流血流汗不流泪，掉皮掉肉不掉队"的苦与乐的辩证关系。

在1950年新年的钟声中，蒋宗英给父亲母亲写了一封家书，报告了她和战友们过新年的快乐时光。作为小队文娱工作的负责人，她说："刚到祁阳，儿本打算写信回家，为了庆祝新年，要准备些节目，故没能如愿。这次过年，值得每个人庆欣的，我们买了一个（头）大猪，在元旦那天吃了很多菜，肉鱼鸡蛋等。晚上中队开晚会，有很多节目，也买了许多点心。第二天我们分队也开了一个晚会，这天表演也不少。元旦前一天晚上，也有许多分队及其他单位开晚会，特务乘机放了两枪。我们队伍真灵敏，马上街上站满了哨。空气就随着紧张起来了。我们一点也不怕，因为街上满布了我们的队伍。这次抗战，我们这军功劳可不小。以后的去向还没规定，恐怕不一定到广西了（这不能往外说）。"

谁也不会想到，新年欢庆的笑声中响起了敌特的枪声。这是蒋宗英参军后第一次听到枪声。虽然空气紧张起来了，但她并没有感到害怕，因为"我们队伍真灵敏，马上街上站满了哨"，十分安全。此时，有消息说，部队前进的方向或许要改变，不再南下广西了。但队伍将奔向何方呢？蒋宗英知道，"这不能往外说"。短短的六个字，暗藏军事机密，说明军之大事。保密就是保胜利。新兵蒋宗英严守部队秘密，没有告诉父母她即将踏上新的战场。这个新的战场，将是一个什么样的战场呢？

很快，春节就到了。

1950年2月20日，是农历正月初四，沉浸在新春喜悦中的蒋宗英给父母写信拜年，讲述了在部队过大年的情形。她在信中说："腊月二十九我们大伙忙着年食，弄的弄黄花、木耳，炸的炸糖麻环（我自己的面、油、糖自己炸），忙了一整天。晚上，我们'年菜委员会'的委员们忙了一整夜给我们弄菜。三十早上吃四个菜（红烧肉、鱼、三鲜汤、木须肉）。晚上开晚会，唱的唱跳的跳，热闹极了！……为了庆祝这伟大胜利的解放年，我们文工团演了几天剧，开了一个新年晚会。"

过完年，生活又紧张起来了，业务学习开始了。听说马上就要分配到新的工作岗位，蒋宗英内心里充满着快乐，对未来也充满着希望和信心。她在家书中告诉双亲："我希望自己到工作岗位后一定要为人民为工作而努力，好好表现，短期内要争取入党。只要努力，一定不会失望的。我有这样的自信，所以我非常快乐。"

瞧！这就是一个解放军战士的样子，这就是军队这所大学校的价值所在！

在这封家书中，蒋宗英还叮嘱父母回信时不要写部队驻地的地址，直接寄"四野三十九军政治部南工团三支队"即可收到。这是因为部队在前进中，随时在换防，当然其中也有保密的需要。

北上，北上

1950年2月25日，部队由南进改为北上，蒋宗英离家乡越来越远了。

这一次，部队乘坐的是火车。这是蒋宗英第一次坐火车。车轮与铁轨热烈摩擦的轰隆声，对她来说是新鲜的、好奇的，滚动着五颜六色的向往和遐想，就像窗外转瞬即逝的不同于家乡的风景，给她的征途奏响了新的乐章。经衡阳、长沙，队伍于27日凌晨三时抵达武昌，九时横渡长江到汉阳站。火车依然没有停下来，继续一路向北，四天四夜之后，她们到达了目的地河南漯河。

3月1日晚上，蒋宗英收到了大哥蒋宗策从耒阳的来信，高兴得跳了起来。第二天，她赶紧给大哥写了回信，激动地说："繁华的城市里工商业特别发达，就使我联想到我们的家乡——偏僻的澧城，几时才能进步到这种程度，我很为我们湖南的建设工作着急"，"一路上又看到好多的工人在那里忙着铁路的修复工作，好多铁桥都是在三星期以内修成的。工人们不怕艰苦危险，能在短时期内修好这座大的铁桥，我感到工人太伟大了。平时在书中看到'劳动能创造世界'，教条式地在嘴里念着，没有深刻的领会。现在我切实认识到劳动是能创造一切的，劳动的确太伟大了。"

武汉城市的繁华发达、建设的欣欣向荣、工人的艰苦奋斗，让蒋宗英情不自禁地想起了家乡的贫穷落后，现实的对比触动了她敏感的思想，心中有了震动，油然而生一种奋斗上进的情愫。她在写给大哥蒋宗策的家书中饱含深情地倾诉了自己的志向："决定在今后要积极劳动，努力工作，加强学习，拿出我所有的力量贡献给为人民服务，使独立、自由、和平、民主、富强、统一的新中国很快走向社会主义社会。"

大哥蒋宗策比蒋宗英年长十五岁，从小过继给大伯蒋翊武，曾就读南京遗族学校。1939年在津市参加中国共产党地下组织，1942年应聘到临澧县陈二乡中心小学任教导主任，并在那里娶妻生子，成家立业。在解放战争期间，他曾动员姑妈家的表妹等三位女青年参加革命，去了延安。在蒋宗英心里，大哥蒋宗策就像是她的人生导师。她告诉大哥："在你的信中我得到了不少指示，使我在学习中也有了一个方针。的确，我入伍直到现在除集体学习外，对个人自修是很马虎的，没有有条理地在一定时间内看完某些书籍。有些理论书太深了，我就不如看文艺书起劲。我看了《关于修改党章的报告》与《知识分子的教育问题》后，完全没有深刻透彻地体会其意义。我感到我的文化程度太低了，稍微深点的书又看不懂，要我怎样来充实自己，真有点发愁，我准备从现在起，看完一本书后就录笔记，并望哥哥来信告诉我，哪些书是合我的程度看的，我好去借。"

爱学习，求上进，青春的热血像火山的岩浆一样在胸中奔流。蒋宗英毫无保留地向大哥蒋宗策诉说自己的学习体会，有生活的感悟，有成长的烦恼，也有对未来美好的向往。

3月2日，蒋宗英又满怀欣喜地给双亲写了一封家书，除了表达对亲人们的思念之外，也报告了自己离开湖南耒阳来到河南漯河的情况。在这封家书中，她开心地写道："我们下乡时经过每一个村庄，一群群的老百姓排着队打着锣鼓扭着秧歌欢迎我们，很多老乡把我们抬的很重的东西接过去，给我们送到家，这样的热情的表现是我曾经没有想到的。我兴奋了，兴奋得眼泪都要掉下来，在这兴奋愉快的情绪下我感动了。我感到惭愧，检讨起来对革命没有一点贡献，对人民没有出一份力量。同时，在学习中，没有什么心得。光惭愧是不能解决问题的，只有在今后工作中拿实际行动来回答人民对我的希望。"

从蒋宗英兴奋的泪水中，从她内心感到的惭愧中，我们可以看到这位敢作敢为的湘妹子不仅很快适应了军营艰苦的训练生活，而且深深感受到了人民军队与人民群众的鱼水情深，世界观、人生观和价值观也随之发生了革命性变化，思想境界也随之提升了很多。就像她写给父亲母亲的家书中所说的那样，"今后工作中拿实际行动来回答人民对我的希望"。在写给大哥蒋宗策的信中，蒋宗英也说出了自己的心里话："在这一个好的环境里，我虽是初次离家来到老远的北方，但我一点也没有想家。"

"说句心里话，我也想家，家中的老妈妈已是满头白发。"当过兵的人都知道，当兵离开家乡，谁不想家呢？蒋宗英说她"一点也没有想家"，那是因为她全身心地投入到了部队火热的战斗生活，将自己的灵魂全部给了自己的信仰，暂时把"想家"放在了一边而已。

3月9日，蒋宗英同时收到了父母的来信和姐姐们给她做的棉鞋，还收到了她日夜思念的小哥哥蒋宗恒的来信。她真是开心极了。天寒地冻，天南地北，当初看到一同参军的表姐恢明收到家里寄来的棉鞋后，她就从去年11月1日写信给父母请求大姐二姐帮她做一双棉鞋，现在终于收到了，怎能不开心呢？在战友们羡慕的眼神中，她急急忙忙地打开包裹，小心翼翼地穿上新棉鞋，舒舒服服地在宿舍里来来回回地走了几趟，那感觉真好像是每一脚都踩在了幸福上。要知道，为了这双棉鞋，蒋宗英足足等了四个多月，真是苦了这位十八岁的小姑娘。

3月12日，三个月候补期满，经组织批准，蒋宗英成为正式青年团团员。此时，新的工作岗位也确定了，她正式分配到第39军117师351团宣传队。在漯河，蒋宗英写信告诉父亲母亲和哥哥们："这次北上的任务是建设和生产。我对参加生产没有一点顾虑，并且我还是这样的自信，在工作中我能克服任何困难，积极工作不落后。假如你不信的话，你等着以后的工作报告吧。"

4月7日，蒋宗英收到大哥蒋宗策的来信和照片，同时收到了在军部组织部工作的表姐杨忠鼎的来信。这一天，她提笔给父亲母亲写了一封家书，说："在报上看见澧县运粮，在短期内超过预定数目，儿心中很是高兴。澧县是新区，特务分子很多，我家是光荣的军人家属，时常要小心。在报上看到好多特务害军属的事。故父亲也须做点宣传工作，和老百姓谈谈我们的政策。"在部队不断进步的蒋宗英不忘在家书中叮嘱父亲母亲要做优秀的军人家属，要积极向家乡的父老乡亲宣传共产党的方针政策。由此可见，她的革命情怀是何等的赤诚，字里行间都能让人感受到她热烈的心跳。

这个时候，部队开始搞生产建设，清理河道，兴修水利。官兵们就像《三大纪律八项注意》中所唱的那样，不拿群众一针一线，风餐露宿，住在河边自己搭建的还没有一人高的茅草屋里，一片一片的，到处都是。但从安全考虑，对女战士们还是有特别照顾，安排她们住在附近老百姓的家中。

4月10日，蒋宗英给父亲母亲寄出了当兵离开家后的第十五封家书。在这封家书中，她慰问父母和亲人们的同时，介绍了自己在部队工作的情况："我军马上就要挖河，后天开工。宣传队一面挖河一面要搞文娱活动，现正在排剧，准备在两个月的艰苦工作中给战士们提高情绪，减轻疲劳和打通思想的。在工作之暇我也时常看书，帮助同志也做得还不坏。因为自己懂得少，往往感觉缺乏能力，这方面还需要长期的锻炼和学习。我们队里有一个小男同志和成弟年龄差不多，也有点像，我很喜欢他，他也愿意接近我。在学习上我愿意帮助他，每天他的日记也给我看，然后我给他改改，这样双方都有益。我们这里组织也挺好的，尤其我是一个正式青年团员，在各方面又比较信任些。总之要自己努力，到哪里都吃得开，我一定向好的方向去走。"

"要自己努力，到哪里都吃得开，我一定向好的方向去走。"与其说这是蒋宗英的青春誓言，不如说是革命队伍教她掌握了人生的真理。从南方来到北方，正青春年少的蒋宗英吃的是小米和面条，不像在老家吃的都是大米，但她一点也不挑食，也没有不习惯，身体长高了、长壮了。4月12日，她在给堂姐宗桃的信中幽默地说："我一切都好，在家里你叫我'门板大王'，哈哈，现在恐怕已经成了'门板大王'的姐姐了，比过去更胖更高了。这就证明革命阵营的饭好吃又养人哩。在这儿，我们尽吃小米和面，我也吃得挺多。"

接着，蒋宗英在4月14日给二姐蒋宗媛写了一封家书。二姐比她大十一岁，已经成家。遗憾的是姐夫因病去世，二姐携女儿祖惠改嫁，不久又拖家带口从朱积湖搬到临澧县城郊谋生。得知二姐搬了家，走进了新的生活，蒋宗英很为她高兴。她告诉二姐："你很幸福，你爬出了苦海深渊走进了农家乐园，做了新中国主人的一员。你必须要站在你自己的立场，工农阶级即无产阶级立场，看事和处理问题都以正确的本阶级思想意识出发，把在旧社会沾来的恶习 —— 轻视工农人甚至认为工农人下贱 —— 扔掉，好好地做一个妇女生产模范，那才光荣哩。并且还要教育群众，我希望你努力，有时间也找点书看，使自己随着社会进步。不要认为在乡下，又没教书了，看书也没用。那是不正确的，要克服。部队中战士们都开始学文化了（只十岁的也有），不久将来使全中国都没有文盲，这是一定要实现的。"

入伍半年多，接受军营的锻炼，蒋宗英的政治觉悟提高了，思想境界提升了。在这封家书中，蒋宗英像个小大人似的开导二姐，革命的热情、青春的热血在战斗中燃烧。她郑重地告诉二姐："今天给你写

216

信，我给你讲一件事：现在的中国旧社会被推翻了，官僚资本被打垮了，穷人翻了身，做了自由新中国的主人。现在的中国是以工人阶级领导、工农联盟为基础的一个政府，所以工农人是光荣的伟大的，是被每一个人所器重的。"

在《蒋宗英家书》中，无论是她写给父母的，还是她写给兄弟姐妹的，都会看到蒋宗英经常讲一些富有政治色彩的革命性的"大道理"。这些话语，都带着那个时代鲜明的历史烙印，却是那么的真诚、透明、朴素和纯粹。毋庸置疑，她所表达的完完全全是一个革命军人对党、国家和人民军队的发自肺腑的那种唯一的、彻底的、无条件的、不掺任何杂质的、没有任何水分的、绝对的忠诚。这些话语，现在读来似乎有些陌生了，但仔细琢磨，它正是革命者的精神之钙。

蒋宗英不愧是湖南"辣妹子"，做人做事都麻麻利利、风风火火，用她自己的话说"我平常的作风和男同志差不离"。现在，仅仅过去一个多月，部队挖河的任务就已经完成了三分之二，再过二十多天就要完工了。为了早日完成生产劳动任务，男同志集中全力突击兴修水利，但要求文艺演出的愿望也非常迫切。战斗精神从哪里来？这时候，军事文化工作的力量就凸显出来了。文艺兵蒋宗英也就有了她的用武之地。

文艺是精神食粮，部队的官兵们渴望得很。于是，蒋宗英和前来慰问的中南区部队艺术学校、军政大学的十一位女同志一起，加班加点排练文艺节目。这一次，她们演出的节目叫《一朵红花》，蒋宗英女扮男装，扮演的是男主角。惟妙惟肖的表演，赢得了战友们的掌声。

蒋宗英在战友们这热烈的掌声中，体味到战友们精神生活丰富了，精气神有了，士气就上来了，战斗力就提升了。火热的战斗生活，让蒋宗英过得特别充实，每天都忙忙碌碌的，练音学歌、学拉手风琴、读报、排剧、拍电影、写日记，日程排得满满当当的，甚至在收到父亲的来信后，连写回信都不得闲。直到6月1日，她才利用午睡的时间给小哥哥蒋宗恒写了一封家书。

小哥哥蒋宗恒是1929年出生的，比她大两岁，受大哥宗策的影响，在1948年5月1日经临澧县十四中的晏国敬介绍，秘密加入了中国共产党的外围组织 —— 民先队，7月16日正式入党。蒋宗恒在回忆录《革命人永远是年轻》中回忆说："1949年8月4日，随军南下的老解放区干部，到达临澧县城。8月6日，二十六名地下党员与一百四十四名南下干部，在护城小学召开了隆重的会师大会。"就是在这次大会上，中共临澧县委正式成立。在蒋宗恒的记忆之中，临澧解放后，南下干部尚未到达之前，有三件事让他一辈子也忘不了：一是解放军走到哪里，宣传工作就做到哪里；二是解放军走到哪里，歌声就带到哪里；三是解放军战士的勇敢精神对他教育很大。或许正是因为对解放军产生了同样的印象，在这个时间节点，妹妹蒋宗英怀揣着自己的信仰和梦想走进了革命的队伍。

在蒋宗英6月1日写给小哥哥蒋宗恒的家书中，她十分钦慕地写道："在大哥的信中，知道你学习还是那样积极，时常给报社写稿，我就是羡慕得要命，我也想练习写，因从没写过，摸不着头脑，就不敢动笔。其实材料要搜集起来，连队里多的是。小哥哥：我愿意学习你的一贯的积极学习精神和认真的工作态度，在部队的实际锻炼中使自己从政治理论文化水平、时务各方面，随着年龄的增长，不断提高，在工作中培养能力，这是我迫切要求和需要的。并望你也继续努力，将我们最大的力量献给伟大的革命事业。最后，我告诉你：我现在学习拉手风琴，能拉两个调了（大概你没看见过吧，哈哈），但比起会拉手风琴的同志那就差远了，我还要继续学习和熟练，我一定有信心把它学好。上次发了津贴，搭了一万块钱到汉口买书去了，《社会发展史》或是《人民文学》。"很快，她喜欢阅读的《人民文学》就收到了，新华书店还随刊赠给她两枚印着列宁头像的漂亮书签。

二十天后，蒋宗英在参加为期一周的"建团训练班"学习之后，又给小哥哥蒋宗恒写了一封家书。这次学习，时间虽短，但学习的东西可不少，比如有青年团的性质、部队建团的重要性、团的组织与领导、小组长工作方法和工作作风，以及怎样在团员中建立领导威信、国际国内问题等。她在家书中告诉小哥哥："最使我高兴的是，成天都能和战士们在一起学习。我们还教他们的歌子，关系搞得非常好。他们很虚心，最喜欢别人帮助他们，最直爽。不帮助（即不接近）他们就对你满是意见，毫无顾虑地给你提出来 —— 这是我第一次深入实际，给他们的印象一点不坏，也就是工作第一炮打得还响亮。给今后的工作开了一条道路，有了个基础，对他们的任性也能够谅解。比如，他们有时喊我'蒋委员长'（我姓蒋，乳名琪玮），在今早他们临走时，还在喊'蒋委员长，来一个'。他们很重情，我真有些不愿意离开他们，因为和他们在一起，使我在实际的锻炼中进步得更快。"

军营的生活是纯真浪漫的，战友间的情感是纯洁质朴的，开个小玩笑，说个俏皮话，取个小绰号，也是人之常情，亲切而干净，甜蜜而开心。文艺新兵蒋宗英全身心地和基层士兵打成了一片，用自己的才艺和真情、真心赢得了官兵们的喜欢。令人感动的是，在这封写给小哥哥蒋宗恒的家书中，蒋宗英还客观实在地对自己作了自我批评。她清醒地说："我有一个最严重的缺点，就是任性强，当人家讲我冤枉话时，我受不了。那就不管上级同级，我非给他来个难堪不可。在南工团和我们队长就搞过几次，当时我一点也不害怕，也不管错误啥的，性子一横，就像在家里发脾气一样。以后我会下决心尽量克服，如老那样，不但自己没好处，给群众的印象也不好。告诉你，平常周围不给我刺激时，我蛮好，就是碰不得钉子。"

认识自己，不是一件容易的事情。读完这封家书，不能不让我对蒋宗英这个小姑娘竖起大拇指——她能够正确地认识自己，承认自己"任性"，有点爱"发脾气"，尤其是"当人家讲我冤枉话时，我受不了"。"辣妹子"蒋宗英是父母亲的小女儿，在家里是宠爱有加的掌上明珠，但她性格耿直，嫉恶如仇，也是那种眼睛里容不得沙子的人，受不了委屈，所以"性子一横，就像在家里发脾气一样"。要知道，这个时候，蒋宗英刚刚过完十九岁的生日。而我像她这个年龄的时候，也刚刚走进军营，在直面自我的勇气上还赶不上她。面对这位如此敢于自我革命的姑娘，怎能不把尊敬的目光投给她！

6月20日，部队下发了军衣、衬衣、帽子、袜子。终于穿上了统一的军服，男兵女兵，整齐划一，真正像一个团结的大家庭了。蒋宗英感觉从头到脚都像换了一个人似的，高兴极了。在这一天写给小哥哥蒋宗恒的家书中，她还随信将新华书店赠送她的书签送给了小哥哥一枚。

7月24日，部队又出发了。这一次，队伍在郾城登上火车，经郑州、石家庄、天津、秦皇岛、山海关、锦州、沈阳，奔驰三天三夜，于27日中午十二时抵达了目的地——辽阳。一路上，蒋宗英看到：每经过一个车站，无论大小，站台上都设有茶水站，都有青春年少的学生们列队欢迎，有扭秧歌的，有唱歌的，有喊口号的，场面热烈而隆重。尤其是出了山海关之后，东北老解放区的招待更加周到一些，当地政府组织人民群众给队伍送来了大米饭、肉、鸡蛋和白馒头。来到东北，蒋宗英深深感到老百姓对人民解放军像对待自己家里的亲人一样，战士们需要什么，用不着你开口马上就给你送过来。如此亲密友好的军民关系，蒋宗英看在眼里，乐在心中，内心澎湃涌起的是革命军人的自豪和荣光。

"车辚辚，马萧萧。"本来南下的队伍，为啥又逆向前进，一路向北、向北呢？

7月29日，蒋宗英在辽阳给父亲母亲写了一封家书，其中透露了这样一条信息："这次北上的原因：东北靠近朝鲜，南朝鲜虽然快被人民军队伍消灭了，但有美帝的挑拨，恐怕在死亡的前几分钟做个最后的挣扎。现在我们是国防军，主要任务要保卫祖国边疆，不让任何敌人来侵略伟大的中国。"

是的，部队要打仗了！

这是一场中国人民不愿意打又不得不打的战争！

"将我们的一切献给祖国"

彼时彼刻，作为基层部队的一名新兵，蒋宗英本人当然还不知道，那时的中国已经进入抗美援朝保家卫国的时间。

朝鲜内战是1950年6月25日爆发的，时任美国总统杜鲁门在26日就命令其驻远东地区的空军、海军支援李承晚集团，又在27日命令美海军第七舰队侵入台湾海峡。6月28日，毛泽东主席迅速做出反应，表明中国政府立场，号召"全国和全世界的人民团结起来，进行充分的准备，打败美帝国主义的任何挑衅"。7月7日，美国操纵联合国安理会，通过非法决议，纠集十六个国家的军队组成"联合国军"。同日，毛泽东授意中央军委副主席周恩来主持召开专门会议，讨论朝鲜局势和保卫国防问题，决定战略预备队第13兵团立即开赴鸭绿江地区戍守边防。8日，毛泽东批准由刚刚解放海南岛的第四野战军第15兵团司令员邓华率第13兵团进驻东北。

7月13日，中央军委作出《关于保卫东北边防的决定》，成立东北边防军。同日，中央军委接受邓华的建议，第15兵团机关与第13兵团机关同时对调。因长江暴发洪水，武汉的火车轮渡无法运行，邓华本来决定7月18日率领第15兵团机关从广州北上的行程，不得不推迟到7月25日。此时，中央军委已经发布命令，立即将部署在中原地区的战略预备队第13兵团（下辖第38、第39、第40军），加上在东北地区从事农业生产的第42军和炮兵第1、第2、第8师等，共计二十五点五万人，组成东北边防军，调往中朝边境。

蒋宗英所在的第39军就是在这样的背景下，奉命北上，调防东北。

8月19日，迟迟没有收到父亲母亲回信的蒋宗英，在辽阳又给父母写了一封家书。作为爸爸妈妈的"小棉袄"，女儿的思念和牵挂就像挂在天边的月亮。她在这封家书中写道："父亲常看报吗？现在南朝鲜马上就被解放了，美帝眼看自己所援助的国家一个个都快完了蛋，心里很着急，就向各帝国主义国家借兵，向南朝鲜开去，挑拨李承晚，尚有侵略我东北的野心，很明显的，帝国主义是不会长久存在的，这次侵略战争也不过是他垂死的挣扎，也就是他灭亡的时候了。不管怎样，我们应该提高警惕，保卫国防。"

就在这封家书刚刚写好准备寄出的时候，蒋宗英接到了父母的来信。已经两个月没有收到家书的她，盼望的心情可想而知。她高兴得很，当即又给父母写了一封短信。她在信中告诉父母："我们现在又有业务学习、政治学习、时事学习，还要给部队演出，我写这封信还是抽时间写出来的。部队的情形都是一样的，成弟当然也不会例外，望大人千万不要挂念。在小哥的信上知道家中困难，望大人将困难情形和原因详细告诉我，然后汇报上级，给以帮助。"

同一天，蒋宗英还给小哥哥蒋宗恒写了一封回信："现在我有时间就学习乐理（五线谱），非常忙。除了集体学习、工作外，还要自学，很少时间和你长谈。我的一切都好，在东北生活很习惯，尤其是老百姓阶级觉悟高，对我们像自家人似的。"

9月8日，第117师在辽阳召开了全师妇女大会。会议期间，蒋宗英见到了同时参军的表姐徐恢明和杨忠鼎。他乡重逢，"心中真快乐"。她把这重逢的快乐，在9月12日写信告诉了父母，并同时给父亲母亲和大哥蒋宗策寄去了自己在军营拍摄的两张照片。9月13日，她在写给小哥哥的回信中，再次分享了见到两位表姐的喜悦之情，同时谈了自己对东北老百姓所表现出来的"军民一家人"的感激之情。

9月15日，蒋宗英收到了父亲在9月5日写给她的家书，她立即回信一封。这封家书是她从军后收到的家书中邮寄速度最快的之一。当她得知"家里的生活是那样困难"时，她告诉爸爸妈妈："我们也是供给制，我不愿请求，因为部队家属捞不着饭吃的也不少。生活困难是全国很普遍的现象，上级也没法照顾。不过这是短时期的情形，反正我们家里人很少，忍耐一个时期，不久就会好的。"同时，她还给父母随信寄去津贴费一万元。

也正是在9月15日这一天，美军在麦克阿瑟的指挥下实施了仁川登陆。25日，汉城陷落。

朝鲜战争伊始，朝鲜人民军锐不可当，很快越过三八线，长驱直入，想在8月底将美军全部赶出朝鲜，完成统一。然而，敌人是狡猾的。就在朝鲜人民军欢呼胜利的时候，它的弱点也暴露无遗，主力部队集中第一线，导致后方空虚，战线过长，补给困难，被美军仁川登陆后拦腰截断，战场形势急剧逆转。10月1日，南朝鲜军越过三八线。同日，朝鲜劳动党中央委员会委员长、朝鲜民主主义人民共和国内阁首相金日成和朝鲜劳动党中央委员会副委员长、内阁副首相兼外务相朴宪永联合署名致函毛泽东，请求中国出兵援助朝鲜。

"打得一拳开，免得百拳来。"现在，大家都知道了，10月2日至5日，毛泽东主持召开了中央书记处会议和中央政治局扩大会议，讨论出兵朝鲜问题。面对艰难的抉择，毛泽东三天三夜没有睡觉。讨论的结果是，毛泽东力排众议，果断决策抗美援朝、保家卫国。

10月5日，因为一直没有收到父母的来信，也不知道自己9月15日写的信父母收到没有，蒋宗英就给"亲爱的爸爸妈妈"又写了一封信。在信中，除了对亲人们表达思念、问候之外，她简要地汇报了自己在东北的生活情况："现在东北就我们住地来说，气候和我们家差不多少，现在穿夹衣很适合，不过早晚冷些，晚上睡觉有热炕，这是防止我腿疼的一个有利条件。我的腿检查了一下，是慢性关节炎，大概是遗传性，我也吃过药，可是不见好。医生说不会出什么大事，也不会诊好。现在我们环境很好，睡热炕、发厚棉衣、乌拉草棉鞋等，很好地保护它，可以少犯一些，望大人不必担心。"

这些日子，蒋宗英和宣传队的战友们一直在排练小剧目，给部队和老百姓演出。虽然没有担任演员，但她参加了乐队的工作，已经能拉好几支曲子了。同时，她和几位女同志组织起来，制定计划，一起给战士们读报纸。

在写好给父亲母亲的家书之后，蒋宗英又提笔给小哥哥蒋宗恒写了一封信。在信中，她跟小哥哥报告了10月1日部队在辽阳市召开国庆节庆祝大会的事情。她跟小哥哥说："参加这个庄严神圣大典的有我们军及该市各界人士，会上有该市市长、我军军长、苏联代表及其他代表讲话。首长们说明了我们胜利的原因和怎样保护胜利的果实，防止美帝企图侵略中国的野心。的确我们不应该麻痹，现在你是党员，我是团员，我们应该在建设新中国的过程中起到积极模范作用和不断加强学习，提高工作能力，将我们的一切献给祖国。"

10月19日，中国人民志愿军开始从安东（今丹东）、长甸河口和辑安（今集安）三个口岸，秘密渡过鸭绿江。

10月25日，志愿军打响了出国第一仗。

11月5日，第一次战役结束。志愿军先后有第38、第39、第40、第42、第50、第66军和炮兵参战。经过十三个昼夜的艰苦作战，歼敌一点五万余人，把敌人从鸭绿江边赶到清川江以南，初步稳定了朝鲜战局，打破了麦克阿瑟在感恩节前占领朝鲜半岛的计划，志愿军也站稳了脚跟。

就在11月5日这一天，蒋宗英给父亲母亲写了一封家书，问候亲人，表达思念。她在信中说："为了使我们在技术上理论上及各方面更提高一步，上级把我们调到师里学习来了。到这里来的时间不长，生活很紧张，政治业务啥都学，只要自己专心的话，将来一定会学到很多东西的，我决不浪费时间，好好地充实自己。"在师部学习班里，蒋宗英的学习热情高涨，但生活也非常紧张，每天晚上十二点钟左右甚至到凌晨两三点钟才能睡觉。即便如此，她也不感觉疲倦。

在这封家书中，蒋宗英还告诉爸爸妈妈，11月3日这一天下雪了。雪虽然下得不大，但对一个出生在湖南很少看见雪花的南方女孩来说，已经是够大的惊喜了。不过，经过部队的军政锻炼，她的身体和意志都更坚强了。再说，部队准备工作做得好，很早以前就下发了棉衣、棉裤、棉鞋、棉帽，所以怎么也冻不着，她希望远在千里之外的父母不要为她的生活担心。

的确，进入11月以后，东北的天气更寒冷了，最低温度达到了零下十七摄氏度，倒点水在地面上就成了冰。蒋宗英说，走路时风刮得头痛，眼睛都睁不开，脚也冻了。无论怎么说，毕竟不是出来旅行的，东北的寒冷对南方人来说还是有些不习惯，更何况是一个女孩子，真是有些够呛。

12月6日，中国人民志愿军和朝鲜人民军收复平壤。

12月7日，因为没有收到父母的回信，蒋宗英在写给父亲母亲的家书中，表达了自己的思乡之情。她说："十一月内，儿曾寄回一信，至今未接回信，不知父母康健否，家中家乡情况怎样？望大人详告我。"因为听说驻地在日后可能要冷到零下四十摄氏度左右，她感觉自己脚上穿的这双花了一百多万旧币买来的棉皮鞋不顶事，就希望两位姐姐宗杰、宗媛有工夫的话，给她"做一双样子要比过去大一些，底子尽量地厚，越深越好"的棉鞋。不过，善解人意的她同时也叮嘱："假如做鞋困难，邮费太贵的话，不寄也行。"

因为好长时间没有给小哥哥蒋宗恒写信，也没有收到小哥哥的来信，这天晚上，蒋宗英在给父母的家书写好之后，又提笔给蒋宗恒写了一封家书。在信中，蒋宗英问道："近来你的工作情形怎样？我们的家乡（或你工作的地方）进步程度怎样？我来到东北后，感觉我们家与之相差太远了。东北的老百姓大部分（当然也有个别落后分子）政治觉悟高，生活也达到一般水平上来了。特别表现在目前抗美援朝保家卫国的战争中，支援前线，东北人民真真起到了骨干作用。有自动组织担架及出国的，有青年男女学生参军出国的，提前完成生产计划的交公粮的等等。很清楚地认识了敌人和自己，他们为了自己的安全、朝鲜人民的解放及全人类的解放贡献出了自己的一切，这是所有新区人民所不及的。"

在军队这所大学校里，经过一年多时间的锻造和洗礼，蒋宗英已经成长为一名政治过硬、作风优良的革命军人，思想彻底革命，立场更加坚定。在这封家书中，她罕见地以政治教员的语气跟小哥哥讲起了革命的大道理，给小哥哥讲要求、提希望。她言语谆谆地说："我们的家乡也是比较落后的一个地区，并且旧社会的落后分子还特别多，所以在这种情况下，光荣的共产党员就应该要起作用了。希望你要不断地加强对自己和对群众的教育，和你周围的同志进步分子团结起来。团结就是力量，不应该孤立，有了工作的力量就应该深入群众。因为我们的工作的对象就是广大群众，脱离了群众是不会搞好工作的。要想把工作搞好，最重要的还应该相信组织，靠近了组织才能掌握原则，不会失掉立场，这点点的意见给你作参考吧。"

从这段具有相当理论水平和政策水准的话语中，可以想见正在117师师部接受政治和业务学习的蒋宗英，军政素质的进步相当快。

作为一名女战士,这样的文字功夫和思想水平,在当时志愿军部队中也是不多见的。

此时此刻,朝鲜战争第二次战役正在激烈进行。

12月12日,蒋宗英收到了父亲11月25日的家书,心中甚为快慰。但是,不知是什么缘故,父亲随信同时寄来的大姐宗嫒的照片和信件却没有收到。两天前,蒋宗英参加了辽阳市召开的庆祝朝鲜平壤解放的大会。她在写给父亲母亲的回信中说:"在这隆重的大会上充分地表现了中国人民的力量是如此巨大,中国人民是如何地迫切要求和平,到处响彻着'拿实际行动来支援朝鲜战争,坚决把美帝国主义打进海洋去',所以我很有把握地说,胜利属于人民。"

12月24日,抗美援朝战争第二次战役结束了。从11月6日开始,志愿军有第38、第39、第40、第42、第50、第66军和第9兵团第20、第26、第27军及炮兵部队参战,予美军参战七个师中的三个师以歼灭性打击,重创其另外两个师,共歼敌三点六万余人,其中美军二点四万余人,扭转了朝鲜战局,帮助朝鲜人民收复了三八线以北领土。第二次战役的胜利,震惊了西方世界,创造了世界战争史的奇迹,令麦克阿瑟从此一蹶不振。美联社惊呼:"这是美国建军史上最丢脸的失败。"

学习、排练、教育、演出,周而复始。

团结、紧张、严肃、活泼,日复一日。

新年演出后,部队进行了两个月来的工作学习总结。在总结表彰大会上,蒋宗英被评为模范共青团员,戴上了大红花,上级还奖励给她一个"学习本"。真是无比光荣啊！对这件事，蒋宗恒老人记忆犹新。他回忆说："妹妹参军不久，就在给我写的信中说：你是共产党员，我是共青团员，我们比一比，看谁做得更好。她后来评为了模范共青团员，奖励的一个精美笔记本，还寄送给了我。在我所有的笔记本中，就这本最漂亮。"

一年又接近了尾声。

抗美援朝战争的第三次战役，从1950年12月31日开始，至1951年1月8日结束。志愿军有第38、第39、第40、第42、第50、第66军和炮兵参战，连续八昼夜迅猛追击，向南推进八十公里至一百一十公里，占领了汉城，将战线推至北纬37度线附近地区。但因敌军十分狡猾，其主力不战而退，此役仅歼敌一点九万余人。

1951年1月24日，有一个月时间没有写信的蒋宗英，在写给父亲母亲的家书中又汇报了自己获得的成绩和荣誉："在这一个多月当中，我们是进行乐理初步学习，还夹着排剧。过阳历年时我们给部队、老百姓演出了好几天，工作是较平时繁忙。"她充满自豪地说："新年演出后，我们进行了两个月来的工作、学习总结，儿被评上了模范团员，戴上了大红花，上级还奖给我一个学习本 —— 这是儿的光荣，也是父母的光荣。这光荣是党团教育我的成绩，这光荣是党团同志们赐予我的，我要爱护她，要积极培养这不成熟的光荣果实，要争取光荣加光荣。现在我们又学习乐器，二十多个女同志每人一样乐器，如提琴、胡琴、手风琴等（儿仍旧手风琴），每天早饭后都集中一起学习两个钟头，其余的时间有集体上课，分别读报。晚饭后集体游戏（跳舞），我们的生活可以说是有组织有纪律的，而且是生动是活泼的。"

同时，在这封家书中，她跟父母分享了人生体悟，十分清醒地说："社会环境不时都在进展着，稍一懈怠，就如逆水行舟，不进则退，是很危险的。因此儿除集体学习之外，也常看些政治书籍，提高自己的政治质量，打下将来负起更重要任务的基础是很必要的。"

这些日子，为了便于工作，蒋宗英和从南方来的女同志一起，每天都要抽出时间来学习国语，也就是普通话，由北京的两位女同志负责教授。聪明伶俐的蒋宗英很快就学会了普通话，她口音中大部分的湖南方言去掉了，不认识她的人听她说话，都以为她是北京人或东北人了。

在最近两个月的时间里，因为工作、学习任务紧张，蒋宗英确实没有时间写家书了，可她也没有收到父母、大哥、小哥哥或姐姐们的来信。她感到很纳闷，更加思念亲人、想念故乡。

2月2日，蒋宗英抽时间赶紧给父母写了一封家书，开头便问道："好久没接家信了，儿曾寄家信，发函至今未接回信，不知何故，甚念。"接着，她又问道："听说湖南已进行土改了，澧县进行得如何，我家情形怎样？是什么成分，请来信告我。"接着，她继续问道："大哥、命贤常有信回家否？工作情况如何？小哥是否还在原地工作，情况怎样？杰、媛姊的情况怎样？均盼告。我很想给他们去信，实在找不出时间，因此失掉了联系，这样对我们进步是有很大损失的，望父亲来信时将其通信处写明。"

纸短情长，骨肉情深。直到4月3日，蒋宗英才收到父亲的来信。

那份高兴、那份激动，好比喜从天降，真是喜出望外，以至于送信的同志在学习室念到"蒋宗英，给你信！"的时候，她竟然回答说："我不信。"

"烽火连三月，家书抵万金。"已经身处战争前沿，甚至随时都可能要奔赴战场的蒋宗英，把自己这一次收到父亲来信的心情，像写小说一样优美地记录了下来，也就是本文一开头就摘引的那一段文字，读来令人感动又惊讶。这哪里像是一个女战士在给父亲母亲写家书，更像是一个文艺青年在搞创作。

"无数次地给家去信，结果换来的只是失望，今天收到了家里的信，真出乎意料。"蒋宗英如是说。其实，在蒋宗英这封文采飞扬的家书中，还有一段极为漂亮的文字，不妨来看一看：

> 东北气候凛冽，可是我们在半寸厚的棉衣及外衣的掩护下，很顺利地渡过了这冷酷的严寒。
>
> 风住了，雪散了，从东方升起了一轮和煦的太阳，阳光照射着整个广大的平原，一切植物由枯萎而渐渐苏醒过来，雪再也看不见它的足迹了 —— 这是可爱的春天。
>
> 春来了，她给宇宙带来了无限的生命力，快乐的人们在歌唱，歌唱朝鲜战争的胜利，歌唱帝国主义的死亡，歌唱中国人民永远的幸福无疆。这时候，我们也脱去了身上的大棉袄，很快地将投身到大生产运动中去，我们的生活始终是这样紧张愉快而有规律 …… 只有共产党领导的部队，才能享受这种美好的生活。

在这封家书的结尾处，蒋宗英告诉父亲母亲："最近队伍不会他移，来信寄东北辽阳市五五部三大队宣传部可也。"

故事讲到这里，读者朋友肯定要问一个问题了：蒋宗英所在的第39军在1950年10月19日当晚就第一批入朝作战了，她怎么依然留在国内没有跨过鸭绿江到前线去呢？

这个问题问得太好了，笔者也正纳闷呢。然而，除了蒋宗英留下的五十多封家书、照片和《革命军人证明书》《加入中国人民志愿军通知书》《革命军人牺牲证明书》之外，有关她的生平事迹几乎空白，就连她的亲属也知之甚少。

我们接着往下看。

"我甘愿牺牲我的一切"

告诉您老一个好消息，我们接受了新的任务，马上就要出国到朝鲜杀美国鬼子去，我想你们听了一定很高兴的。因为美国是咱们的仇人，是全世界人民的死敌，今天它欺侮咱们的邻邦朝鲜，并企图并吞全亚洲，我们决不能让它逞凶。我们不愿意战争，但是我们并不害怕战争，我们有强大的力量。妈，您等着我们胜利的消息吧！行动日期大概在五月节左右，可能乘火车到北朝鲜，今后具体工作情况待将来再告。以后通信较为困难，无论怎样我尽量找时间找机会给家来信，我的一切望爹妈不要挂念。

蒋宗英这封写给父亲母亲的家书，写作时间是1951年的某月9日，月份不详。笔者推测认为，应该是4月9日。而这一年的五月节（即端午节）是6月9日，也就是说此时距离她奔赴朝鲜前线大概还有两个月的时间。

在这封家书中，蒋宗英又作了自我批评，检讨了自己的学习和工作。她告诉父亲母亲："普通知识分子的弱点是'理论与实际不能结合，经不起艰苦环境的考验'，我一定要以此警戒自己，大胆地勇敢地到最艰苦的地方，把我锻炼成一个坚强的人，所以我下了最大的决心，准备迎接克服一切困难。我是一个青年团员，只要自己有决心，是没有克服不了的困难的。不多说了，再见有期，望父母保重自己的身体，不久的将来看着你们的儿子凯旋吧！"

"烽火夜似月，兵气晓成虹。横行徇知己，负羽远从戎。"要去朝鲜战场打仗了，蒋宗英将自己暂不需要的日常生活用品，随这封家书寄给了远在家乡的父亲母亲，做好了决战沙场的准备。

在蒋宗恒编辑的《蒋宗英家书》中，还有一封蒋宗英在1951年4月9日写给父亲母亲的家书。在这封家书的开头，蒋宗英开门见山地说："这已经是儿离开美丽的祖国前的最后一封家信了，你们应该为我军的胜利而欢呼，为中朝人民的最大胜利而欢呼。儿走了，走上了抗美援朝的光荣大道，给中朝死难的兄弟们报仇去，你们等着吧，不久，捷报会像雪片般地飞来，战争的最后胜利一定是我们人民的，不管美帝怎样疯狂。"

在这封家书中，蒋宗英饱含深情地请父亲母亲教育她的侄儿侄女们："望爸爸妈妈多多鼓励教育家中的孩子们，要他们努力学习，告诉他们，说他们的幺幺在战场上要和他们挑战，使我们中国的每一个老年人小孩子都不走出抗美援朝的浪潮外去，用各种方式、大小力量去打击敌人，消灭敌人。"

事实上，这封家书并非蒋宗英出国作战前写的最后一封家书，因为在《蒋宗英家书》中还收录了她分别在5月21日和6月14日写给父母的另外两封家书 —— 前一封家书主要谈了正在进行的镇压反革命运动，后一封家书是答复父母寻找弟弟蒋宗成的消息。正因此，笔者大胆推测《蒋宗英家书》中收入的1951年4月9日的这封家书的写作时间或许是6月9日。

在5月21日写给父亲母亲的家书中，蒋宗英还向父母报告了朝鲜战场"打败美帝野心狼"的最新消息："一月二十五日至今，中国人民志愿军歼敌九万余人。四月二十二日至四月底共八天歼敌二万余，打落敌机八十一架及其他武器大量，美国内部狼狈不堪，自麦克阿瑟垮台后，内部争吵不息，麦贼和马歇尔的矛盾争论中，充分暴露了他们都是同意侵略朝鲜及中国及亚洲的阴谋，他们也都承认美国在朝鲜战场的损失是不计其数，他们更承认在朝鲜的战争只有使他们流出更多的血及一切损失甚至都死在朝鲜，其实他们的结果也就那样，哈哈。"

雄赳赳，气昂昂，跨过鸭绿江。从蒋宗英这封家书的字里行间，我们可以看到她的革命乐观主义精神和革命英雄主义气概。她是一个关心时政、热爱学习的好战士，信中所列举的战斗时间和敌人的伤亡数字，基本符合历史事实。实际上，从1951年1月25日至4月21日，面对新任"联合国军"总司令李奇微的"磁性战术"，中国人民志愿军在第四次战役中采取"西顶东反"的方针，歼敌七点八万余人。四月二十二日开始的第五次战役，至六月十日结束，歼敌八点二万余人。

7月8日，蒋宗英在战斗间隙给父亲母亲写了一封家书。这是她在朝鲜战场上写的第一封家书，也是蒋家后人保存的《蒋宗英家书》第四十一封。在这封家书中，蒋宗英简要地讲述了自己到朝鲜参加抗美援朝战争的见闻感受。她说："日子过得是这样的快，仅几天的光景，我们又生活在异国朝鲜了。朝鲜——和祖国对比，可真是两个天地，相差太远了。本来朝鲜的天然条件等方面是很好的——有高的山、绿的水、金黄的麦地稻田，和江南风光真有所相似。可是在美李匪帮的摧残下，它——可爱的朝鲜已成了杀人的屠场，我们仅能见到的只有被敌机炸毁而倒塌的房屋，间或能看到朝鲜人民对敌的仇视，团结中国志愿部队重重地打击敌人，前方，战士士气非常高涨，主要这是阶级觉悟问题。"

从这封家书中"日子过得是这样的快，仅几天的光景，我们又生活在异国朝鲜了"，可以看出蒋宗英是在1951年6月底或7月初跨过鸭绿江的。此时，蒋宗英依然在第39军117师351团宣传队工作，对外通信称谓"五五部三大队九中队宣传队"。也就是说，蒋宗英是在志愿军打完第五次战役之后才奔赴朝鲜战场的。

在《蒋宗英家书》中，我们可以看到，蒋宗英8月4日在朝鲜战场又给父亲母亲写了一封家书。这封家书的开头就说"儿出国后已给家写了两封信了"，但《蒋宗英家书》中只收录了7月8日的一封家书，可见其中的一封家书丢失了。

进入8月，蒋宗英的工作岗位发生了变化，她从351团宣传队调出了，调到了团司令部干部管理处做机要工作，也就是"书记工作"。8月20日，蒋宗英在写给父母的家书中报告了自己工作的变化："现任书记工作，刚到岗位，什么都不熟悉，时间长了就会好的。这工作写字的时间比较多，真也是给练字的机会。"

在蒋宗英的这封家书中，我们还可以发现一个小秘密，那就是她叮嘱父亲母亲"来信寄北江部黄河九中队干部管理处收可也"。也就是说，第39军117师351团的代号又变了，从"五五部三大队九中队"变为"北江部黄河九中队"。

现在问题来了，蒋宗英为啥这么晚才奔赴抗美援朝战场呢？

这实在是一个未解之谜。笔者查阅了很多资料，也曾求教军事历史专家，都没有解决这个疑问。可能的答案，就是蒋宗英在奔赴抗美援朝战争前线之前，一直在辽阳的第39军留守处工作。

关于第39军留守处的往事，时任39军军长吴信泉在他的著作《三十九军在朝鲜》中讲述了这样一个故事："1951年3月间，我突然收到117师351团政治处主任朱品先的一封信，大意如下：'吴军长：我受39军留守处的委托，同军司令部刘奇炎参谋一起带领我们军一千一百余人的归队团，于今年1月下旬从辽阳出发，徒步行军入朝寻找部队，沿途克服了种种困难，历时一个多月，终于找到了自己的部队，现已回到各师，无一减员，而且多出十多人。特此报告。'"

这个由一千一百多人组成的庞大的归队团都是什么人呢？吴信泉回忆说：有部队出国时因病留在后方现在病愈要求上前线的；有第一、第二次战役中负伤送回国内治疗现在伤好了要求归队的；还有部分入朝时留在国内的军、师、团文艺工作者以及一批女文化教员。各师、军直编成四个中队，中队以下编成区队，女同志单独编成两个区队。1951年1月下旬，长长的军列把这支特别的队伍从辽阳运到了安东。

如果从工作岗位来说，蒋宗英确实符合39军归队团成员的身份，但是归队团奔赴朝鲜战场的时间与她入朝参战的时间完全不一致，相差了将近半年时间。

8月27日，蒋宗英收到了大哥蒋宗策6月22日的来信。在异国异域，在战火纷飞的战场，收到亲人的来信，心情的喜悦和激动是可想而知的。这天晚上，她提笔给大哥写了一封热情洋溢的回信。她在信中说："大哥，你的信给我带来了无限的力量，更坚定了我的胜利的信心。我绝对相信胜利是属于我们的，属于中朝人民的，属于全世界爱好和平的人民的。当前的情况虽是危险的，目前的生活虽是艰苦的，但是大哥你放心，为了人民，为了革命，我甘愿牺牲我的一切，甚至头颅，我也宁愿。无论环境如何恶劣，我以青年团员的面目，去克服所有的困难，在朝鲜战场上要求加入中国共产党，这是我的第一迫切的要求，入党不是容易的，我还需要下最大的努力，创造我的入党条件，将自己的身心献给党和人民。美国飞机不断地在朝鲜领空无理地飞行，轰炸扫射，因之，在运输方面感到非常困难，但是，英勇的中国志愿军汽车司机们，用他们的机智与勇敢，经常地输送着祖国人民支援的大米和白面，以供我们餐食，所以说我们的生活还不是你们想象的那么苦。无论怎样，我们的精神是始终愉快的。"

"为了人民，为了革命，我甘愿牺牲我的一切，甚至头颅，我也宁愿。"读完蒋宗英的这封家书，不禁让我想起她的伯父、武昌起义湖北革命军临时总指挥、民主革命先驱蒋翊武。蒋翊武在给父母亲的诀别信中坚定地表示："儿誓志杀贼，保障共和，否则不生还也。"而在他的《绝命诗》中，置生死于度外的他还曾这样写道："当年豪气今何在？如此江山怒不平。嗟我寂冤终无了，空留房剑作寒鸣。"这铁骨铮铮的誓言，不禁让人想起"将受命之日则忘其家，临军约束则忘其亲，援枹鼓之急则忘其身"的古训。

一个家庭的文化是习惯，一个民族的习惯是文化。家风家教，莫不如此。而在《蒋宗英家书》中，我们读到了她和伯父蒋翊武心中流淌着同样的热血，怀抱同样的爱国之心和报国之志，还有那豪气冲天的甘于为国牺牲的决绝的无畏的英雄气概。小女子何尝不是大丈夫！

彼时，"联合国军"在朝鲜战场上发动了"夏季攻势"。与此同时，中国人民志愿军和以美军为首的"联合国军"展开了"反绞杀"与"绞杀"的决战。

战场是残酷的。敌人的狂轰滥炸，让交通受阻，从5月底以来的三个多月时间里，除了收到大哥蒋宗策的一封来信之外，蒋宗英给父亲母亲写了三四封家书都没有收到回信，她非常挂念。

9月30日，蒋宗英又提笔给爸爸妈妈写了一封短信。在这封家书中，蒋宗英告诉父母一个极其重大的消息 —— 她在9月22日结婚了，婚后仍在干管处工作。

这真是一个天大的喜讯！然而，这个消息来得太突然了。一点儿前兆都没有，怎么这么快就结婚了呢？跟谁结的婚呢？婚姻大事，为啥都不跟父母商量商量呢？蒋宗英在写给父亲母亲的这封家书中竟然什么都没有说。或许是因为战事太紧张了，或许是因为她觉得个人的婚事比起打仗来不值一提？

10月3日，新婚燕尔的蒋宗英在朝鲜战场终于收到了父亲9月4日写的回信。这封家书在路上整整走了一个月的时间。当天，她就十分激动地给父亲母亲写了回信。蒋宗英在这封家书中说："看完信后儿高兴得连心都要跳出来了，那种兴奋的心情简直没法形容。"

蒋宗英为啥这么高兴呢？我们可以在这封家书中找到答案。她说："爹妈呀，儿常为有这样进步的父母和兄弟而觉得光荣骄傲。今天的来信给儿在工作上很大的鼓励和教育，想到年迈的父母为了热爱祖国响应了政府号召的节约增产，在捐献运动中起了带头作用，因而为儿的身居抗美援朝最前线，更进一步地加强工作和学习，否则也对不起自己的父母，更对不起广大人民。难怪爹妈受了表扬，就是连我们同志看了这封信的都没有一个不夸好的。我们应该这样，目前的艰苦是暂时的，需要我们去克服它，铲除它，幸福的日子逐渐地传播到广大劳苦人民之中，忍耐吧！劳动创造一切，这是我们的方针。"

在这封家书中，蒋宗英高兴得只顾给父亲母亲点赞，又忘记了告诉父母大人自己是和谁结婚的。真是一个粗心大意的姑娘！直到10月9日，她才在写给父母的家书中非常认真且郑重其事地把自己的婚姻大事作了简要的汇报。她在信中说："儿又给你们来信了，想你们会很高兴的。儿与本团团长杨玉坤（应为副团长，引者注）同志结婚已二十来天了，一切均好，望勿念。玉坤他是一个忠诚老实的人，从小参加了革命，已十多年光景，在党的培养和教育下成长起来的，具有高度的政治品质，关于这个，绝对不能和旧社会的男人一样，可请大人放心。"

不愧是湖南"辣妹子"，人生大事，自己做主。现在，我们无法知道，蒋宗英和杨玉坤是如何相爱的，是经战友介绍，还是自由恋爱？他们在战场上的婚礼又是如何举行的？都不得而知。但从《蒋宗英家书》提供的信息来看，应该是从蒋宗英8月调到351团司令部干部管理处前后，他们才相识的，谈恋爱的时间仅仅一个多月，用当下流行的说法可谓是一次"闪婚"。当然，还有一种可能，那就是蒋宗英到朝鲜战场后，与副团长杨玉坤相识，两人很快陷入热恋。考虑到工作和生活的方便，团领导遂把蒋宗英调到团部工作。

10月26日，蒋宗英收到了父亲10月4日的来信。烽火连天，战事连绵，她在27日匆匆地找来纸笔写了几句问候的家常话，随信附上新婚夫婿杨玉坤的两张照片，寄给远在湖南家乡的父母和大哥，让父亲母亲和兄长看看他们从未见过的女婿、妹婿到底长的是什么模样。

这个时候，志愿军正在英勇顽强地抗击美军来势汹汹的"秋季攻势"。10月25日，是中国人民志愿军抗美援朝出国作战一周年的日子。

面对中国人民保家卫国的强大意志决心和志愿军英勇顽强的战斗，美方不得不重新回到谈判桌上来。8月18日至10月22日，以美军为首的"联合国军"发动"夏季攻势"和"秋季攻势"，令停战谈判被迫停止。六十多天之后谈判重新开启，地点由丌城改在了板门店。而美军谈判代表乘坐挂着白旗的小轿车进入开城谈判现场的镜头，被眼尖的新闻记者们曝光后，在国际上闹了一个大笑话。

不知为什么，1951年的11月和12月两个月时间里，蒋宗英都没有给父亲母亲和哥哥姐姐们写信。不过，父亲母亲在10月和11月都给她写了信，她也都收到了。

转眼又是一年。

1952年1月3日，蒋宗英在给弟弟蒋宗成写了一封家书之后，又给父亲母亲写了一封家书。在这封家书中，她才把丈夫个人和家庭的情况向父亲母亲作了简单介绍："玉坤系河北人，家里仅有母亲和哥哥，父已去逝，解放前系富农，土改后生活一般化。来信可寄四九部二一七部三大队。近来他的工作很忙，没空给家来信，特此代为问候。我的工作如旧，一切均好，只是因为今后回国人少，给家寄信不便，望爸妈不要为此担忧，可多来信。"

瞧！在朝鲜战场，第39军117师351团对外的通信代号又变为"四九部二一七部三大队"。

2月11日，蒋宗英给爸爸妈妈写了一封家书。在这封家书中，她逐一询问了亲人们的情况，以及家乡开展"三反运动"（即反贪污、反浪费、反官僚主义）的情况。

2月18日，蒋宗英给很久没有联系的小哥哥蒋宗恒写了一封长信，恰好当天有人回国，就乘机捎回国。在这封家书中，她不仅介绍了自己在战场上的工作情况，还较为详细地说明了自己婚后的生活情况，分享了个人成长的感悟。她在信中告诉小哥哥：

很久没和你通信了，今天有同志回祖国，我想乘此机会和你谈谈。

入朝已快八整月了，调出宣传队是六个月，几个月当中在工作方面虽不太熟练，但比刚到干部处时要好得多了，现在我负责统计工作，我自己的计划是把现有的工作熟练甚至提高以后，便更进一步练文案（如搜集材料、整理材料、书写报告）方面发展，不过在现在的战斗环境里是不可能的。

我们的生活虽比在中国要艰苦些，但也过得很有意义。

我和玉坤住在一个由北的一侧经里挖有三米宽五米长的地面，然后架上木头的防空洞里，有一人多高的洞门，这是由好多同志的汗筑成的呀！里面全糊有报纸，壁上贴有毛主席像，朱总司令、彭德怀将军也都伴随在他的两侧。洞内设有桌子和凳子，可以供我们学习和办公，有火盆和自己烧的炭；洞里生着大火可以供我们防寒，有锅有盆有壶（是罐头盒改造的）以及一切生活上所需的东西，简直应有尽有。真可称为一个美满的"战地之家"呀！志愿军同志都是这样愉快地战斗在朝鲜。

我的胆子也锻炼大了，不怕飞机不怕大炮。敌人的大炮（炮弹）不断地从我们头顶飞过，甚至在我的旁边开花，飞机经常在我们的附近轰炸扫射，我一点也不胆怯，至于那些具有丰富战斗经验的干部和战士们，对此更不算啥了。当然还要谨慎地防炮防空等等——这是我们的纪律。

我的情形简单地告诉你，望你经常来信给予我帮助，并把你的情形及我们家乡人民进步的情形告诉我。关于前方的胜利消息，报纸上不断登载，因此我未提及，由于时间仓促，下次再谈。

利用战斗和工作的间隙，蒋宗英在这封写给蒋宗恒的家书中，比较详细地描述了自己婚后的工作和生活情形，让我们比较清晰地看到了朝鲜战场的另外一种情形，体味到了"战地之家"的温馨，填补了我们想象的空白。

同一天，蒋宗英还给父亲母亲写了一封短信，并随信送给母亲一块白丝巾。其实哪里是什么丝巾，而是一块美军照明弹降落伞的伞布。正如她在家书中所言："这是胜利品，这是美送给我们的礼物，儿又送给妈妈擦眼睛，当姆妈用它来擦眼睛时，就会想起战斗在朝鲜的你的女儿及千万个母亲的千万个儿女，他们为了保卫母亲保卫祖国，在不惜一切地和美帝作生死的斗争，这该是多么地兴奋啊！"

3月14日，蒋宗英写下了在朝鲜战场上的最后一封家书。她告诉爸爸妈妈："我们明早四点钟就要出发了，坐汽车走。我的一切都会是安全的，别挂念我。望你们好好地在家生产，安心地生活。以后再写。"

然而，谁也没有想到，就在写好这封家书的这一天，蒋宗英在抢救伤员时不幸遭遇美军轰炸，壮烈牺牲。这不禁让我想起蒋宗英1950年3月20日写给表侄女吕淑珍（桂珍）的那封回信。吕淑珍的父母去世早，是个孤儿，和弟弟吕新琦一起被蒋家收养。蒋宗英十分同情和牵挂他们姐弟俩，在家书中常常请求父亲母亲给予照顾和勉励。蒋宗恒回忆说："表哥因病去世后，母亲决定亲自抚养他留下的两个孤儿。我们家人口多，缺乏经济来源，往往吃了上餐愁下餐，时有蒸锅红薯当饭吃的日子。俗话说：'宁添一斗，不添一口。'父亲向救济院借了一部脚踩的弹花机，和母亲两个人给人弹棉花，弹一斤棉花收一个大铜板。从早到晚，很少休息。后来母亲告诉我，踩一天弹花机下来站都站不稳，东南西北都找不到了。母亲是裹过脚的，干这么重的体力活，真是超出了她的承受能力。即使如此，我们家仍然送淑珍、新琦姐弟俩到翊武小学念书，跟我的弟弟一样，读完六年小学。"

在这封家书中，蒋宗英教导侄女吕淑珍要继续求学，努力读书。尤其让人扼腕叹息的是，她还在这封家书中谆谆地教导说："以后来信，必须请别人看一遍，修改错字。上次的信中字错了，几个人的幸福，改'辜负'，永别，改'离别'。我们的分别只是暂时的，以后还有见面的日子的，你怎么写永别呢？"读到此处，我不禁潸然泪下，无语凝噎。童言无忌，竟一语成谶——离别真的成了永别！

生离死别，就是一瞬间！古人云："出师未捷身先死，长使英雄泪满襟。"成千上万的优秀中华儿女，为了民族、为了国家、为了人民，抛头颅，洒热血，奋不顾身，舍生忘死，牺牲自己，赢得胜利。蒋宗英用自己的生命践行了自己的诺言："为了人民，为了革命，我甘愿牺牲我的一切，甚至头颅，我也宁愿。"

从1949年9月14日离家，到1952年3月14日牺牲，整整九百个日日夜夜。《蒋宗英家书》以特殊的方式记录了蒋宗英烈士在人民军队这所大学校中成长、战斗的短暂又光辉的英雄人生。

谁是最可爱的人？最清澈的爱，献给祖国。可是，蒋宗英实在是太年轻了！正是花样年华啊！牺牲的时候，距离她二十一岁的生日还差两个月。或许，过不了多久，新婚的她将成为一位母亲。写到这里，我想起蒋宗英的伯父"首义功臣"蒋翊武先烈，他英勇就义时也才二十八岁。

时空流转，光阴荏苒，英雄长在，殊途同归。我们无法想象，当牺牲的噩耗传来，她五十七岁的父亲和五十六岁的母亲该是多么悲伤和无助。作为父母的小女儿，蒋宗英是在父亲三十七岁、母亲三十六岁的时候出生的。白发送黑发，更何况女儿身在异国他乡，连最后一面也无法见到，一切情形都无从知晓啊！

九百个日日夜夜，有谁知道父亲母亲曾为她流过多少思儿的泪水呢？

9月20日，中国人民志愿军司令部、政治部给蒋宗英的父亲蒋翰平颁发了《革命军人牺牲证明书》，编号为068537号。

10月4日，蒋宗英的丈夫、时任351团副团长杨玉坤在朝鲜战争前线给蒋宗恒写了一封回信。他在信中说：

在九月二十八日接你来信一封，内情皆知。关于所提烈士证明书现已寄澧县政府。另宗英遗物之事，入朝时她的东西均是和我们团其他女同志放在一起，集体存辽阳。存的什么物质我也不详，因和宗英在一起的女同志都在朝鲜，现不在我们团工作。在前几天，我曾写信问其他女同志，到底在辽阳存的什么东西？现未回信，待查明后再给你寄去，以作你兄妹纪念之物。以上两事我已给你家二老去信告知，不必挂念。

再者，我仍在原部工作，身体很好，工作亦很顺利。今后经常通信，并希望你给家二老很好安慰，不要悲痛。我在朝鲜战线上用实际行动来消灭美国鬼子，替宗英同志复仇，为保卫祖国、朝鲜人民的安全，为全世界持久和平而斗争。

"埋骨何须桑梓地，人生无处不青山。"蒋宗英牺牲后，她的遗骸埋葬在朝鲜江原道铁原郡马场怀荫里，立有墓碑。朝鲜战争停战后，杨玉坤随部队返回祖国，不久转业到辽宁地方工作。

是谁牺牲了？

在我有限的阅读中，有关抗美援朝战争志愿军家书的并不鲜见，但《蒋宗英家书》或许是志愿军家书中数量最多的个人书信集了。自

2014年国家设立烈士纪念日，迎接志愿军烈士遗骸归国，全社会树立起了崇尚英雄、缅怀先烈的良好风尚。诚如习近平总书记所言："对为国牺牲、为民牺牲的英雄烈士，我们要永远怀念他们，给予他们极大的荣誉和敬仰。"

2024年4月13日，中央广播电视总台新媒体栏目《主播说联播》，讲述了这样一个催人泪下的故事：1942年5月，侵华日军对冀中地区发起疯狂"大扫荡"，冀中军区八分区八路军官兵与敌人展开殊死拼杀，因寡不敌众，一千余名八路军指战员壮烈牺牲，史称雪村突围战。2024年4月，河北省肃宁县决定将在雪村突围战中牺牲的近百位烈士的遗骸整体迁葬至肃宁烈士陵园。在烈士墓迁移现场，人们发现第31号无名烈士两手抱在胸前，紧紧握着一枚小圆镜，镜中夹着一张年轻女子的黑白照片。看到这一幕，在场的人们都忍不住想要落泪。八十二年过去了，锈迹斑斑的圆镜周边沾满了泥土，但照片上年轻的女性面容清晰可辨。这位无名烈士是谁？他有着深深牵挂的人，却毅然投入悲壮的战斗壮烈牺牲，他的名字应该被知晓。照片上那个眉清目秀的姑娘又是谁？在漫长的时光里，她一定还在等待着这位烈士的消息。这个为无名烈士寻亲的故事，一时间在网络热传，牵动着全国网友的心。诚如《新闻联播》主持人所说，这是一个要让无名者"有名"的故事。当我听到这个故事的时候，自然想起了蒋宗英，也更加懂得了寻找无名烈士和为烈士寻亲的意义……

据不完全统计，近代以来中国有约两千万名烈士为国捐躯，其中超过百分之九十的烈士都是无名烈士，而在烈士的家乡，亲人们往往承受着不知烈士埋骨何处的痛苦，让无名烈士重归有名英雄是所有人的殷切期盼。十年来，全国各地、社会各界都在通过各种方式为烈士寻亲，这件事情并不容易。但是，再难，党、国家和人民也要坚持做下去，为烈士寻亲，让英雄回家，既是对烈士英灵的告慰，也是对烈士亲属的慰藉……

是啊！让无名烈士成为有名英雄，这是我们共同的心愿，也是共同的责任。

无名烈士，他们是谁？在这个战火依然纷飞的世界，在我们这个和平的国度，忙忙碌碌的我们忽略了甚至没有时间思考这个问题——在两千万烈士中竟然有百分之九十的烈士是无名烈士！

是谁牺牲了？扪心自问。

——我们不知道！我们只知道他们是无名烈士！

无名烈士是谁？毋庸置疑，他们都是活生生的有名有姓的人！他们都是有父亲母亲的人，都是有兄弟姐妹的人，都是有家可归又没有回家的人！他们都是有血有肉、有情有义、有爱有恨的人，都是生前为国捐躯死后却没有留下姓名的人！他和她或为人父或为人母、或为人夫或为人妻、或为人儿或为人女、或为兄弟或为姐妹、或为恋人或为同学，他们都是有牵挂的人！他们都是我们骨肉情深、血脉相连的亲人，都是最可爱的人！

是的，是谁牺牲了？

无名烈士是谁？他或者她，他们和她们，或许是那个在父母面前任性倔强、爱发脾气不懂事的坏孩子，或许是那个喜欢掏鸟窝，还曾偷过邻居家桃子的淘气包，或许是那个在课堂上偷看小说不认真听课的臭小子，或许是那个天不怕地不怕、嫉恶如仇、喜欢在街头打抱不平的愣头青，或许是那个爱出风头、油腔滑调、年少轻狂的显眼包，或许是那个平时看上去乖巧听话、胆小怕死，连蚂蚁也不敢踩一脚的胆小鬼……无名烈士是谁？他们或许就是我们爷爷奶奶、爸爸妈妈的邻居、同学、同事、亲戚或朋友！

是的，是谁牺牲了？

蒋宗英牺牲了，对蒋翰平来说，就是他的贴心小棉袄小女儿牺牲了；对蒋宗恒来说，就是他特别喜欢的小妹妹牺牲了；对蒋祖烜来说，就是他从未见过面的亲姑妈牺牲了；对杨玉坤来说，就是他新婚不到半年、相亲相爱的妻子牺牲了……

在长沙，有一座毛泽东主席亲笔题写碑名的湖南烈士纪念塔。在那里，陈列展示着包括蒋翊武在内的一百五十位左右湘籍烈士的英勇事迹和二十万名湖南烈士的英名录。多少年前，蒋宗恒曾带着家人来到这里，凭吊伯父蒋翊武和妹妹蒋宗英。蒋翊武的照片和生平挂在墙上，供人瞻仰。当他打开《湖南烈士英名录》时，也看到了妹妹蒋宗英的姓名，却没有看到妹妹的照片和生平事迹。那一刻，他不禁有些难过。于是，他怀着激动的心情找到湖南烈士纪念塔的负责同志，讲述了妹妹投笔从戎参加抗美援朝战争的故事，并送上了自己编写的《蒋宗英家书》和妹妹的照片。从此，来这里参观的人们终于可以看到这位默默无名的女烈士的生平，终于可以看见她长什么模样。

是的，寻找蒋宗英，也是一个让无名者"有名"的故事。默默无闻的蒋宗英，人们并不知晓她的故事，在她的家乡益阳也并不"有名"。幸运的是，今天的我们能够在蒋宗英留给亲人们的这些家书中寻找蒋宗英，而千千万万的无名烈士，有谁能够知道他们的姓名呢？他们的家在哪里？他牵挂着谁？谁又在牵挂着他？

英雄莫问出处，青史早已留名。

谁说战争让女人走开？战争从来没有离开过女人，女人也从来没有远离过战争！自古以来，战争辈出女英雄。查看志愿军烈士名录，蒋宗英所在的39军牺牲的烈士共计两千八百八十五人，其中女烈士两人，在其所在的117师牺牲的一千零四十八名烈士中，她是唯一的女性。在抗美援朝战争中，现已确认牺牲的英烈共有十九万七千六百五十三名。据不完全统计，其中有湖南籍烈士一万一千五百四十一人，女志愿军烈士一百七十七人。

根据《红军长征记》的记载，在二万五千里长征中，平均每走三百米，红一方面军就有一名红军战士牺牲。现在，如果以抗美援朝战争朝鲜战场上三八线的长度来计算，在约二百四十八公里的战线上，平均每一点二五米就有一名志愿军指战员壮烈牺牲，完全是用血肉之躯筑起的钢铁长城！

你是否读过《谁是最可爱的人》？你还能想起你阅读时的心情吗？

——清澈的爱，只为中国！

——哪有什么岁月静好，只是有人替我们负重前行！

这些感动了全中国人民的话，不能只是我们的口头禅。

2016年10月27日，蒋宗英烈士的侄子蒋祖骏（蒋宗恒长子）专程前往朝鲜拜谒英烈，祭奠姑姑。归来后，他在《旅朝游记》中心伤地写道：

多年以来，一直有一个愿望，到朝鲜寻找到姑姑的坟墓，祭扫敬香，以告慰她的在天之灵。昨查地图，板门店是我们这次旅行距姑姑牺牲安葬的地点最近的地方。但究竟是在朝方、韩方还是军事隔离带内，不得而知。尽管有碑，可因为时过境迁、物是人非，且因为旅行团不准单独行动，没奈何，徒有遗憾，只能是默默思念，心中长叹，无限惆怅！

是夜，倚靠窗前，望着灯火阑珊波光摇曳的大同江，又想起了姑姑，悲从中来，潸然泪下。亲爱的姑姑，今天，您的亲人到了朝鲜，却不能在您的坟前祭拜，请您原谅，在我心里已经为您的英灵无数次地祭奠过。您短暂的一生，虽平凡普通，默默无闻，但您在我们家族每个人的思想印记里，与也在二十多岁就为国捐躯的伯祖蒋翊武一样，是我们的榜样，是家族的荣光，是永远值得我们敬重与怀念的英雄。

一门两英烈，慷慨报国家。薪火传后人，家风万年长。

山河无恙，英雄回家。人民永远不会忘记每一位英雄！习近平总书记说："一个有希望的民族不能没有英雄，一个有前途的国家不能没有先锋。"根据中韩两国领导人在2013年达成的共识，韩方自2014年起每年向中方移交一批在韩中国人民志愿军烈士遗骸及遗物。截至

252

2023年11月，中韩双方已连续十年共同实施在韩中国人民志愿军烈士遗骸交接，中方已将九百三十八位烈士遗骸接回祖国。这些烈士都是在朝鲜战争期间战斗最为激烈的江原道横城、铁原、洪川以及京畿道涟川、加平等地牺牲的。蒋宗英烈士牺牲的地方正是江原道铁原郡。因此，蒋宗英的亲人们期待着英雄回家的那一天早日到来……

"一个士兵要不战死沙场，便是回到故乡。"而对战死沙场的士兵来说，故乡永远是他最亲爱最温暖的怀抱……

写到这里，请让我在心中默默地许下一个小小的心愿——

英雄蒋宗英，最可爱的人啊！我们等你回家！